為自己安排一次
追尋極光的旅程吧！

三十年專業嚮導帶你圓極光夢

給未來的極光旅人

AURORA
HUNTING

洪家輝————

文・攝影

| 全新增訂版 |

看得再多，也不會重複看見

初次與洪家輝先生見面是在我剛進入台北市立天文台不久。洪先生當時是《牛頓》雜誌的編輯，為了工作上的需要，相約在圓山天文館會面。不料，就在約定的時刻前，長官交代要出外洽公。當時，只與洪先生打了個照面，就將洪先生晾在一旁，匆匆外出。當時洪先生穿著米色的青年裝，愣在那兒，似乎不知所措；我也是剛入社會的新鮮人，也不知道事情該如何圓融處理，只以公務優先，很失禮地走人辦事去了。那時的氛圍與現在不同，要是現在發生這種事，可能一通電話撥通 1999，我就真得走人了。

自此之後，雙方未再聯繫過，直到三十多年後的二〇一一年中，為了台北市天文協會要辦極光觀賞的活動，才再與洪先生連絡上。並在二〇一二、二〇一三與二〇一四年三度在洪先生的帶領下，前往阿拉斯加費爾班克斯觀賞極光。確實，看極光會上癮的，台北市天文協會與洪先生合作了三年，就有會員三年都前往觀賞極光，個人也兩度隨團前往，如果不是每次口袋都會失血，我也很期盼每年都能前往觀賞極光。

我在圓山天文台的主要工作，是觀察與記錄太陽黑子的活動與數量，它的數量是觀察太陽活動最直接也最明顯的指標。一般人也都認為極光的活動盛衰與太陽活動息息相關，因此有著極光要在黑子極大期的時候才會出現的迷思。其實，無論黑子的數量多寡，太陽與地球之間的交互作用都會持續進行，因此極光每年會出現。當然黑子多的時候，極光的活動也會比較

旺盛，但論到個別極光的活躍與精采程度，黑子極大期未必會好過極小期，這是因為極光是否壯觀，是另外一種肉眼看不見的太陽活動——日冕巨量噴發——的影響。而即使沒有日冕巨量噴發，太陽風中的帶電粒子依然源源不絕地進入地球磁場中，照樣可以在兩極引發極光。

日冕巨量噴發在太陽活躍期，一天可以來個好幾回；不活躍時，隔個兩、三天也會發生一次。但重點是它噴發出來的物質是否會與地球遭遇，只要遇上了，就會有令人讚嘆的極光在北極圈和南極圈的極光橢圓圈內舞動著。

科學家既然稱之為日冕巨量噴發，其含意就是說噴發出的微粒是數以億兆來計算的龐大數量。也就是每次極光的出現，來自太陽的帶電粒子與地球高層大氣中的粒子，共同參與極光之舞的數量都是以億兆計數的，所以要讓相同的極光再現，幾乎是不可能的。事實上，就連兩極同時產生、互為鏡像的極光也都是大同小異，不會完全相同。

老實說，科學家研究極光已經有數百年的歷史，西元一六〇〇年就有相關的文獻報導。儘管目前已經能振振有詞地告訴普羅大眾極光的成因，也能預測極光的出現，但要在什麼條件下才能誘發極光，卻仍在：磁場重聯結、電流片中斷、極光爆發，這三個現象的迴路循環中

苦苦尋覓誰才是源頭。為此，還在二〇〇七年二月發射五顆人造衛星，為這個問題尋找答案。二〇〇八年二月獲得的初步結論，是由磁場重聯結觸發整個循環的啟動。

日食、大彗星是可遇不可得的天文現象，看不到還可以怨天（陰雨天）、怨地（位置不對）、怨生不逢時（哈雷七十六年才來一趟）。但極光可是三天兩頭就有，就說是天天都有的現象也不誇張。它通常發生在一百至四百公里的高層大氣，是地球磁場與來自太陽的帶電粒子交互作用的產物。雖然只限定在地球的高緯度觀賞，但若再錯過就不能怨天怨地，只能怪自己行動力不足了。

無論如何，有句俗話說得好：百聞不如一見。洪先生這本書中的照片再漂亮，變化再多采多姿，總歸是靜態的，看不出極光的動態之美。各位讀者還是得親身前往一探究竟，才能真正見識到極光的美麗與動人之處。

人生苦短，若執著等待十一年一回的太陽活躍期才去看極光，那麼錯過的可能比看到的還要多：因為沒有兩個極光是一模一樣的，看得再多也不會重複看見。

非日常，所以快樂

洪家輝以攝影家之姿，背著相機與長鏡頭前往阿拉斯加的第二大城費爾班克斯（Fairbanks）追尋極光，長達二十年。但其實並非每個去阿拉斯加的攝影家都對於極光這件事那麼執著；有人選擇拍冰河，也有專拍野生動物、冰原植物或原住民的生活，被寫體的對象或許不同，但合理相信每位選擇以阿拉斯加為背景的攝影家，都抱持著同樣的堅持與熱情。身為局外人，我們實在無法對著兩張照片，一左一右，武斷地評論拍極光跟北極熊的攝影師，究竟哪一個比較「厲害」。

日本青年攝影家石塚元太良長年來在阿拉斯加拍攝，但他「追蹤」的對象既不是極光，也不是棕熊——信不信由你，竟然是原油的輸油管！請告訴我，「極光」跟「輸油管」，究竟哪個比較值得拍攝？極光可以說是自然界的奇蹟，輸油管從某種程度來說，也可說是人類文明很少被描述的奇蹟，兩者其實都夠極端，所以也都夠有趣。為極端事物著迷的人，我們對於他們的故事特別感興趣。由於他們所追尋的事情夠極端，跟我們的日常生活距離是如此遙遠，所以讓生活在平淡無奇日常的我們特別有感。總之，「非日常」度愈高的事物，愈能讓我們熱血沸騰。

但費爾班克斯的居民，是不是也都像洪家輝那樣背著相機追著極光跑呢？實際上，費爾班克斯因為位處內陸地區，氣候狀態穩定，所以一年當中平均有兩百四十三天，也就是約三分之二的日子會出現極光，被視

為全世界看到極光機率最高的地方，許多人因此選擇這座城市作為人生僅此一次觀賞極光的理想地點，攝影家也不例外。對這些在費爾班克斯土生土長的當地居民來說，恐怕對於看極光，比台南人吃玉井芒果更感覺稀鬆平常吧？而對於阿拉斯加的居民而言，看待曠野當中的原油輸油管，應該也只是一道日常的風景，就好像我們平常走在路上看到電線桿、水溝蓋那樣，一定不會有什麼特別感觸，除非在土地徵收的時候遇到價錢談不攏，或有油管破裂造成污染，否則應該是視而不見才對。

最近網路上爆紅的一段 Youtube 影片，內容是美國一家安養院，安排一位活了快百歲從未看過海的老奶奶，在她生日那天去看海。對於這位一輩子都住在內陸的美國老太太來說，手握著助行器，腳趾第一次踩在柔軟的沙灘上，那種奇妙感受所帶來的驚異度及滿足感，想必不遜於生活在熱帶的亞洲人看到極光，或是登陸月球的太空人吧。這是在海島長大的我們無法理解的事。所以表面上洪家輝追尋極光的工作超有趣，你我的工作則遜咖又無聊，甚至連石塚元太良去拍輸油管，都比我們搭捷運、騎摩托車就可以到達的海邊讚一百倍，其實只是極端的視角所造成的幻覺而已。

而再仔細想想，無論是追著極光還是輸油管跑，同樣的事情連續做長達三十年，刺激有趣的新鮮感很快就會褪去。但無論洪家輝或石塚元太良，他們之所以跟你我不同、之所以很「厲害」，不在於他們看過一次極光、

拍過一次輸油管，而在於時間與經驗的累積，也就是「持續」的力量。因為要放棄很簡單，要持續卻很難。工作不怕無聊，怕的是沒有辦法在重複單調的工作之中，做到最好。

「重複」其實是很有力量的工具，重複是一種心理暗示，否則拳王阿里不會選擇用重複嗆聲，來建立自己的信心。重複就會熟悉，熟悉就會熟練，熟練的事情當然可以做得好，做得好成就感高，就容易愛上這份工作。很多人說「這件事情我閉著眼睛也能做」，意思就是重複能幫人設定記憶、讓人專注、更容易抓住竅門。在還沒有達到這個境地之前，是沒有資格說無聊的。

不信的話，去看特別成功、大排長龍的小吃店，掌廚的老闆通常就是能夠重複實踐的強者，在單調的事情中，產生不同的想法，才能讓他們在同樣的行業當中，脫穎而出。簡單事情重複做到完美，本身就是一種成功。達到這樣的成功後，才有資格說無聊。覺得工作太無聊，而無法把工作做好的人，表示他缺乏持續力，因為有持續力的人，即使對單調的事情，也能產生不同的想法。

所謂稀奇、極端的事物，其實只是一種幻覺，換了一個視野，再怎麼普通的日常生活，都可能變成非日常度爆表的奇遇，不信的話，帶一個費

爾班克斯人，到台灣隨便一家賣豬腳的小吃店，點一碗豬腦湯試試看，看他覺得極光跟豬腦湯相比，哪一個較為稀奇？真正能夠改變人生的，既不是奇遇也不是奇觀，而是將單調的事情反覆做到最好的持續力。如果我們意識到這一點，那麼就會得到全新的視野，日復一日的工作與一成不變的日常生活，也會變成滋養生命養分的泉源。

是的，就算重複的工作，也可以像極光那樣夢幻，或冰原上滾滾流動的輸油管那樣，源源不絕。攝影師不會熱中於獵奇，覺得愈怪愈好，其實是外行人才會覺得是刺激的追求；真正的攝影家，對於可遇不可求的彗星撞地球，其實是不怎麼放在心上的。就像攝影師學習透過鏡頭看世界，只要學會不同的視野看工作，作為社會人，這輩子只要持續工作，就永遠不會有無聊的一天。

因為我們不是在工作，也不是在追極光，而是學過生活。

正如日文中有一個說法，「普通こそ、最大の美德である。」──有時候「普通」才是最高的美德。學會美好的工作態度，當然也就找到了享用人生的視野。

願幸運
屬於每位追光者

我曾經在九月深秋苦候湖畔十六個夜晚，
卻仍未能見到極光來到。

我也曾經連續歷經十二個寒夜，
夜夜極光狂舞的幸運。

他們說這就是人生啊！
我說這就是極光啊……

每分每秒的極光都像是獨一無二的畫作，
無可預期且難以言喻，
對我而言冰天雪地才是極光最棒最完美的舞台，
就像位偉大的畫家在白紙上盡情揮舞畫筆時讓人目不暇給的感動。

關於追極光我通常會這麼給建議：

記得別在永晝去，
有月無月無所謂。
記得多注意極光預報網站的消息，
最好再下載個極光預報 APP。

記得注意天候氣象的變化，
腳架快門線絕對別忘了。
記得鏡頭無限遠要調整好，
別忘了電池也多帶。
記得保暖工作要做好四肢頭部最重要，
兩層手套與三層毛襪少不了。
記得注意深夜外出時的安全，
不論是北歐或是美加都是適合的地方爽就好。
記得保有感恩的心，
絕對不要得了便宜又賣乖。

還有，
別忘了再帶上一本洪家輝老師的《給未來的極光旅人》，
願幸運屬於每位追光者。

幸福滿載又三十年

今年五月十一日，科學家聲稱是近二十年來最高強度 G5 的太陽磁暴（magnetic storm）來到地球，在此之前，就先針對各項電氣與通訊設施可能造成的影響提出警示，以防範一些不可預期的損害。然而，對熱中於天文攝影的人來說，卻是另一種浪漫的期待，因為大家相信這個磁暴會對大氣層產生相當程度的激烈擾動，隨之形成的極光肯定更令人驚豔。

一般人通常只有前往高緯度的南北極圈附近，才比較有可能欣賞到面貌呈多樣變化之夢幻般的極光，但這回就連許多住在中低緯度地區的人們，都能輕易地親眼目睹這個難得一遇的天文奇景。透過各種傳播網路，在全球各地爭相報導相關的圖片和影像，不僅掀起極光討論的風潮，也讓更多人醞釀著開始安排日後前進極圈觀賞極光的行程。

以北半球來說，北極圈通過的美國阿拉斯加、加拿大與北歐地區經常容易出現極光。從一九九五年迄今整整三十年以來，我只選擇去阿拉斯加的費爾班克斯（Fairbanks）觀賞極光，它之所以受到自己如此青睞，就因為當地的阿拉斯加大學教授推薦那裡是全世界觀賞極光機率最高的地方，而起心動念的初衷也相當單純，就是為了完成個人天文觀測歷程中的拼圖之一。

沒有兩個極光是相同的

「看到極光會幸福一輩子」，這是日本人傳統對極光近乎執著的幸福信念，很多人問我這些年來的收穫時，我總戲稱看過無數次極光的自己，就像擁有了數不清的幸福人生。在這麼長的一段時間裡，只專注在追尋極光這件事情上，也讓大部分的人相當好奇，想知道到底是什麼樣的力量驅使我對極光如此執著？然而，箇中原委恐怕不是區區幾行字就能說得清楚的，但我通常就會先簡單回答一句話，「沒有兩個極光是相同的。」

極光除了具有多種顏色能吸引眾人目光之外，最受讚嘆的還是在於它千奇百變的形態變化。多數時候極光剛現身之際，大多數情況是靜止一段時間不動的弧狀極光，接下來一旦開始活動，或平緩、或激烈，會呈現出什麼樣的面貌，就連科學家事先也說不準。所以我們抬起頭看到星空

中恣意舞動的極光，究竟是帶狀、紗帳狀、簾幕狀，甚至是冠冕狀？這種帶有神祕且無法預知的美麗，總令人引頸期盼。

試想在費爾班克斯寂靜冬夜裡的旅人都在做些什麼？只見大家忘情地仰著頭，一臉陶醉地看著如精靈般舞動的美麗極光，四周不時會發出各種驚呼尖叫與讚嘆聲，搭配著此起彼落的相機快門聲，現場激起的熱絡氛圍，彷彿也讓人暫時忘卻了極地的酷寒。離開現場後，大家彼此交換著觀賞極光時的感動，有些經驗老道者可以雲淡風輕地簡單描述（例如現在的我），不過也有初次欣賞極光的旅人當場激動落淚；儘管感受程度不同，但我相信烙印在每個人腦海中的極光身影，一輩子都無法抹滅。

　　　　給未來的極光旅人

看極光是會上癮的

記得剛開始去看極光時，最令我著迷的就是體悟到極光的不可預測性。究竟什麼時間會在什麼地方出現，以及出現之後又會變化成什麼樣的形態，也就是這種難以捉摸的特性，才能風靡無數旅人吧。即使在同一晚上的不同時間，有時看到極光時而蓮步輕移緩緩橫跨過星空、時而展現出如千軍萬馬般大步躍動的奔騰氣勢；若運氣好遇上極光大爆發，仰頭即見無數條射柱狀極光激烈且疾速地運動，同時伴隨著絢麗的粉紅色或紫色極光，親眼所見的震撼，絕非三言兩語足以形容，相機也很難捕捉到完整的形貌變化，我都會跟旅人說此時最好的選擇就是放開快門線，用雙眼好好記錄下這令人驚奇萬分的絕美景象。

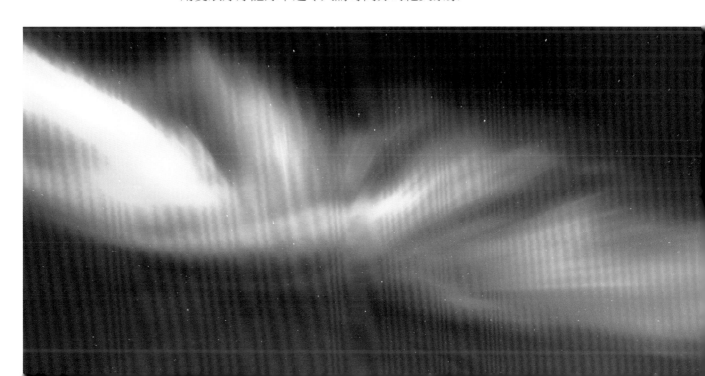

許多看過極光的旅人都會跟我說，他們心中好像也升起了一股幸福感，我也常開玩笑地提醒大家，「看極光是會上癮的。」確實有旅人在首次觀賞了極光之美後，馬上預約了下一次的行程，而來阿拉斯加兩次、三次、四次，甚至八、九次的也大有人在。有的是基於對天文學的興趣，平時就常關注各種天象，極光自然是很重要的觀測目標之一；有年輕夫妻將一片雪白世界的阿拉斯加當作蜜月旅行的布景，希望共同浸浴在能帶來滿滿一生幸福的極光懷抱裡；有的聽多了別人對極光的溢美之詞，抱著好奇心也想一探極光的神祕面貌。曾有一位受過日本教育的七十多歲老先生，更是為了達成孩提時代的夢想，連著兩年都來阿拉斯加。

每個人的理由與動機截然不同，不過要在嚴冬時節前往北國雪鄉觀賞極光，低溫環境是大家首先要面臨的嚴峻挑戰；然而在看到極光現身的當下，雖說外部環境極為嚴苛，身體縱有不適，頓時也被拋到九霄雲外。也許有人會覺得我誇大其詞，不過極光的神奇魅力確實難以形容，唯有親眼目睹才能體會。

數萬張美麗極光，三十年夢想旅程

自己最初接觸到天文學產生興趣後，曾想深入從事天文攝影，但台灣已有許多前輩很長時間持續在做，光是要迎頭趕上他們的腳步難度就不小，更甭說超越了。然而在自己開始拍攝極光的時候，都不曾聽過有人在從事極光的觀測與拍攝，更發現極光的拍攝可說是相對簡單的，完全不需要太多複雜且笨

重的裝備，多數旅人只用具備基本功能的數位相機加上腳架，就能親手拍下精采又富紀念價值的極光照片。近年來，手機攝影的功能獲得大大提升，一般人要拍攝極光更是容易許多。

起先我都是以傳統底片相機拍攝正片，累積至今已超過上萬張，但隨著數位相機的功能日益精進，加上底片製造商陸續停產，這些年來即改用數位相機拍攝，照片數量自然也相對增加不少。趁增訂本書的機會，希望能在此與大家分享自己追尋極光三十年來的經歷及拍攝的成果。

每個人都有自己追求幸福人生的方式，從最初因興趣遠赴阿拉斯加觀賞極光，再受到極光魅力的牽引看上癮之後，逐漸領悟到這或許就是專屬於我的幸福人生。「沒有兩個極光是相同的」，這句話始終會是我日後持續追著極光跑的原動力，若能找到更多的幸福，或許能將它視為上天所賜予的額外獎賞吧！

大約每十一年循環一次的太陽活動週期，從二〇二二年即漸漸進入極大期，科學家預估二〇二五年可以達到最高峰，這即預示了極光活動也會愈加活躍，極光形態與顏色的變化都有可能亦趨多采多姿，衷心期盼看過本書的朋友不妨藉由此次機會，為自己好好規劃一趟浪漫視覺饗宴與知性十足的難忘旅程吧！

—— 洪家輝　2024 年 5 月 26 日

夜空裡，光之精靈倏地蹦出，
動作時而靜止、時而緩步、時而疾馳，還會翻滾與繞圈；
形狀如絲帶、如簾帳、如冠冕，以萬物之姿大方展現；
顏色或綠、或紅、或藍、或紫，將幽黯的星空染上多彩。
就是這些萬千變化豐富了極北地區夜晚的迷人風貌，
每一次的欣賞都會是一次全新的品味。

給未來的極光旅人

成為極光獵人

二〇〇〇年三月七日，這張是我在契納溫泉度假中心半山腰的極光小屋前，拍到的第一張紗帳狀紅色極光，我戲稱它為「櫻桃布丁」或「草莓果凍」。現場其實只看到從左邊山頭綿延至右邊山頭長長的帶狀綠色極光，沒想到底片沖洗出來後，居然在綠色極光上半部出現了那麼大一片的紅色極光，令我喜出望外。早期我都使用傳統相機以正片拍攝極光，必須等到沖洗後才能知道結果，相較於現在使用數位相機就能馬上看到拍攝成果，當年等待後所獲得更多意想不到的驚喜，似乎也相當值得！

An Aurora
Hunter

傳說中，造物者為了彌補北方民族永夜生活的單調乏味，遂在暗夜裡上演著一幕幕令人讚嘆、驚豔的自然奇觀──極光（Aurora）。儘管逾百年來的科學研究成果，已經能讓我們以更理性的態度來看待極光，但大多數的人們仍對極光抱持著許多浪漫的想像，許多人也深深地相信：看到極光，會帶來一輩子的幸福。

靜謐的天幕上劃過一道長長的綠色極光，籠罩在雪白大地上宛如黑絲絨般深邃的星空頓時生色許多。倏忽間，如奇異果冰沙般濃郁而閃著光澤的綠色極光內部，開始出現激烈的翻攪，彷彿盡情揮舞著手中彩帶的花式體操選手，變化出各式造型的波動，忽前忽後、又左又右，還會繞圈旋轉，令觀者瞠目結舌，同時為之迷醉。遠方一大片垂天而降的極光，如一席紗帳、一道簾幕，如幻似真；而展開於頭頂上方似冠冕的極光，那鋪天蓋地而來的壯觀氣勢更是不遑多讓。對於每個身臨其境的人而言，親眼看見極光時內心所受到的衝擊，任何言語似乎均不足以形容。

神祕的極光

SECRETS OF THE AURORA BOREALIS

在尚未以科學方法有系統地探究極光真面目的一八七〇年之前，人們對於極光的生成一直有著錯誤的理解。人們認為極光是太陽光照射在冰山、極區冰帽與北極海的反射結果，甚至也有人說成是大氣中的冰晶反射太陽光所形成的。數千年來，居住在中高緯度地區的人們對於不時點綴於夜空的極光，驚嘆之餘，更多的是面對它時油然而生的敬畏之心。

有關極光觀測的最早紀錄之一，出現在約西元前三五〇年的巴比倫石板上；亞里斯多德也曾描述極光，他認為它們是從天空中的裂縫釋放出來的發光氣體。許多不同民族如加拿大的伊努特人（Inuit）、阿拉斯加的愛斯基摩人（Eskimos）、阿薩巴斯坎印地安人（Athabascan Indians）、拉普蘭人（Lapps）、格陵蘭人，甚至美洲印地安人等，對於天空中充滿神祕的極光都相當熟悉，也各自擁有相關的口語傳說，透過不同形式流傳了多個世代，其中大部分與他們對生命消逝後的觀念有所關聯。

愛斯基摩人的傳說認為，大地與海洋盡頭有一個巨大的深淵，一條狹窄且充滿危險的道路通往天國。已住在那裡的靈魂會點起火炬，引導新

來靈魂的腳步，這個火炬的光就是極光；芬蘭的拉普蘭人認為，北極光是那些在戰爭中死亡的人，他們的靈魂還繼續在空中打鬥；俄羅斯的拉普蘭人則聲稱北極光為被殺害者的靈魂，他們懼怕太陽，會把自己藏起來，以避開陽光。然而當這些受害者的靈魂開始屠殺行動時就會出現極光，因此拉普蘭人也害怕看到極光。

中世紀時，極光被認為是將天空當作永恆戰場的勇敢戰士們在征戰時的呼吸，極光同時也象徵凶兆，預言了世人疾病、瘟疫與死亡的到來，而紅色極

光則代表著危險的訊號，意指一場無可避免的戰爭即將爆發。不論在歐洲或亞洲，早期各個民族對極光的形容，往往根據觀測到的顏色、形狀和運動狀態等特徵，從日常事物中選取適當的名稱，並藉以解釋所看到的極光。因此從古希臘羅馬時代就出現諸如裂口、秤桿、火炬、箭、飛火、飛龍、歡樂的舞者、燃燒的長矛、佛祖之光……等稱謂，不勝枚舉。

極光也曾被視為凶兆，充滿不祥與危險訊息的紅色極光，不僅預言了一場即將爆發的戰爭，在部分人們心中也象徵著一種如洪水猛獸般襲來的疾病、瘟疫與死亡訊號。

給未來的極光旅人

Human subtelty will never devise an invention more beautiful,more simple or more direct than does Nature,because in her inventions,nothing is lacking and nothing is superfluous.

——Leonardo da Vinci

人為發明再怎麼精緻，都不可能比大自然更美、更精簡、更直率，因為存在於大自然中所有的事物都美得恰如其分。　　——李奧納多‧達文西

擁有五千年歷史文明的中國，流傳下來的各種天象觀測記載相當豐富，其中也不乏與極光有關的史料，僅從西元一世紀到十世紀期間，相關記載就約有一百七十次左右，遠自黃帝時代以來都找得到可被視為極光的文字紀錄。

《漢書‧天文志》中即記載有發生於孝成建始元年九月戊子（西元前三二年十月二十七日）的現象，「有流星出文昌，色白，光燭地，長可四丈，大一圍，動搖如龍形，有頃，長可五六丈，大四圍所，詘折委曲，貫紫官西，在斗西北子亥間，後詘如環，北方不合，留一刻所。」這裡的「流星」指的就是極光，而非現代字義上稍縱即逝的流星。

半夜從西雅圖搭長榮班機回台時，都會先往北飛，快接近阿拉斯加時，再左轉採取大圓航線飛行。此時飛機右側正好面向北方天空，從窗戶望出去，幸運的話有可能看到極光，跟你在地面看到的感覺不一樣。若要拍攝的話，飛機的震動與機艙內的燈光都要想辦法克服，才能得到滿意的結果。此為二〇一四年四月三日回台時拍的。

此段不到百字的描述，很符合當代專業人士對極光觀測記錄的要求，包括極光出現的時間、地點、方位、出現與消失的狀況、顏色、明亮度、運動形狀的變化，以及分布的範圍大小等，非常確切且深具科學性，無疑是世界上較早且相當精確的極光觀測紀錄。

古代中國人並不使用「極光」一詞，而是針對極光呈現出來的各種現象，譬如形狀、大小、顏色、動靜和變化等，分別給予不同的稱謂。西元前一世紀的《史記·天官書》即首見有關極光的分類命名法，而《晉書·天文志》中對極光的記述更出現了系統化分類法。

綜觀史料中形容極光的名稱就有「天沖」、「濛星」、「天開眼」、「天裂」、「獄漢星」、「旬始」、「格澤」、「蚩尤旗」、「枉矢」、「長庚」、「歸邪」、「赤氣」、「白氣」、「蒼黑雲」、「眾星交流」、「星流如織」、「含譽星」、「天狗」……，並繪製了相對應的圖例。黃鼎在一六五二年（清順治九年）編纂的《管窺輯要》中就繪有極光的草圖，儘管繪製得很粗糙，但有些和現代的極光攝影幾乎完全一樣，無疑是世界上最早的極光分類繪圖，今日看來仍具有相當的參考價值。

相較於中國，歐洲文明有關極光的記載顯然遜色許多，不僅見諸史書的次數少很多，連與極光現象相關的日期、月分、甚至年分都付諸闕如。此外，針對極光所做的描述，也不如中國的豐富、生動、深刻得多，更遑論其中的科學性、嚴謹性與準確性，由此更能看出中國的相關史料，對當今極光科學研究來說是何等珍貴的科學財富。

三十年極光旅人

THE WATCHER IN ALASKA

發生於一九六五年十一月二十三日的日環食，在台灣地區只看得到偏食。
當年在老師帶領下，我們以裝滿水的水桶，藉由水的反射實際觀測「天狗
食日」的天文奇景，這是我從小到大在進入職場前，唯一一次印象深刻的
天文觀測。

其實求學過程中少有機會接觸自然科學，更不用說是全然陌生的天文學領
域了。進入職場後，因工作關係接觸《牛頓》這本圖解科普的專業雜誌，
漸漸被其中一幅幅精美細緻的寫實插畫、一張張生動逼真的照片所深深吸
引，同時發覺原來科學並不是那麼難以親近，特別是那些介紹宇宙天文相
關領域的篇章、如真似幻的插畫，以及由大型地面和太空望遠鏡拍攝到的
清晰照片，在在引領我逐步走入天文學的殿堂。

左｜自從開始接觸天文學以來，《天空與望遠鏡》（Sky & Telescope）和《天文學》（Astronomy）這兩本雜誌，是自己近五十年來每
個月必讀的刊物，不僅從中獲得最新的天文學進展及即時的天象觀測資訊、強化了相關的理論知識，也獲得不少觀測樂趣的滿足感。

右｜被天文學家列為世紀大彗星之一的海爾—波普彗星（Hale-Bopp comet），一九九五年也在台灣掀起一陣觀賞熱潮，這是我於該
年五月在墾丁以一般相機拍到的海爾—波普彗星。

在這樣因好奇與喜愛而努力追尋的過程中，更加深了我想更深入探究的決心。

不過，由於自身並未具有基本的相關學科訓練，為了彌補過去認知的不足，我也盡量多方面閱讀國內外的天文雜誌與書籍，例如《天空與望遠鏡》（*Sky & Telescope*）和《天文學》（*Astronomy*）雜誌，了解最新的天文學發展動態，也不時會到野外實地觀測各種不同的天象，透過理論與實務一點一滴的累積，愈加領悟到天文學的深奧與迷人之處。

閱讀有助於了解理論知識，而實地觀測不同天象，更能印證並強化對天文學的認知。然而，即使是觀測距離較近的太陽系成員，或是銀河系內的星雲與星團等諸多不同類型的天體，往往需要專業的天文望遠鏡與操作技巧，這並非一般人就能輕易上手的。因此我也暗自下了決心，希望在不

藉助任何專業觀測裝備的情況下，盡情捕捉人們以肉眼就能觀賞得到的，例如日食、月食、流星雨、彗星等天象。涉獵天文讀物的過程中，我曾讀到一位天文學家提出的說法，他說一位真正夠格稱得上是天文愛好者（或可稱為天文迷、天文癡）的人，如果未曾親眼目睹過「彗星」、「日全食」和「極光」這三種天文景象的話，將會是一生中極大的憾事。

前述三種天象，都與太陽系裡占有絕對支配角色的太陽有極密切的關聯。當彗星本體進入太陽系內側逐漸接近太陽時，彗星表面物質受到太陽風吹襲，可以形成包圍本體的「彗

左｜一九九一年七月十一日的夏威夷日全食，清楚顯現出，通常只有在全食階段才看得到的日冕，它們是太陽周圍可達數百萬度高溫的氣體。觀賞日全食的重點，除了親身沉浸在黑色太陽下的奇特氛圍外，還要觀測其他平常看不到的，諸如日珥、鑽石環、貝利珠等特殊現象。

右｜一九九一年七月十一日出現在夏威夷島的日全食，是自己的第一次出國追日行程，為了確保能順利觀測與拍攝，提前兩年就選定地點，並向一家濱海的高檔度假飯店訂妥房間，雖然所費不貲，但結果相當順利圓滿，一切都很值得。這是在飯店前方的高爾夫球場拍到的日全食全景照片。

髮」，以及延伸達數百萬公里的「彗尾」，有的彗尾甚至能擴散成扇形涵蓋極大的天域。

某些特定時間裡，太陽、月球與地球三者的排列狀態會形成日全食，而在全食帶通過的有限區域裡，往往也只有區區幾分鐘，才能真正感受到日全食的特異氛圍。倘若全食帶出現在人跡罕至的荒野或汪洋大海中，將使觀測難度倍增，能看到的人更少。

至於極光產生的源頭，就是直接來自於太陽，它射出的帶電粒子跟地球大氣層裡的組成粒子碰撞，即形成極光。而觀賞極光通常都要前往高緯度的極圈附近，基本條件先要有星空舞台陪襯，尤其很多時候是在低溫酷寒的冬夜裡，靜待光之精靈是否會賞臉，演出世上絕無僅有的幻化多變舞姿。而這些能親眼目睹極光的人在驚嘆之餘，也一定會在心中留下無法抹滅的印記。

剛接觸天文學時，常會拿著星圖隻身到野外觀星，希望從最基本認識星座開始進行觀測。一九八六年三月十六日，我首次在墾丁觀賞到哈雷彗星的英姿，相當震撼，可說是真正親炙天文觀測的神奇與驚異之處。而一九九一年七月十一日夏威夷島的日全食，才是我第一次踏出國門的觀測行程，那天天空高掛的一輪「黑色」太陽，我永遠不會忘記，這是我從來不曾體驗的特殊氛圍，在心中造成的震撼，遠非筆墨可以形容，至今仍在腦海中留下相當鮮明的影像，相較於觀賞哈雷彗星的震撼，可說是有過之而無不及。也因此，之後只要客觀條件許可，我也多次安排前往世界各地觀測日全食，逐步增強了自己立志做為現代夸父，不悔地追日的信念。

迄今將近四十年的追日歷程裡，值得特別一提的是二〇一二年六月六日的金星凌日。太陽系八顆行星中，只有水星與金星是位在地球軌道內側，因此從地球上可以看到它們通過太陽表面，稱為凌日（transit）。水星凌日每百年就會發生十三次，但金星凌日卻極為罕見。

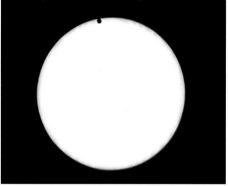

金星凌日的循環週期裡，會先在八年的間隔中發生兩次，接著就要再等整整一百零五年後，才會再展開另一個循環，所以二〇〇四年六月八日發生金星凌日後，二〇一二年再出現一次，下一次就要等到下一世紀的二一一七年才看得到，可以說目前居住在地球上的六十億人，幾乎無人有緣能再看到下一次的金星凌日。

六月六日天一亮，就到鹿港家對面的停車場架好相機，天氣出奇晴朗，萬里無雲，隨著太陽漸漸升起，情緒也益加興奮。六點十分左右，當金星開始觸及太陽圓盤面，隨即按下快門，接下來的六個小時內，就是不停地捕捉金星在太陽表面行進的軌跡，根本無暇顧及愈來愈熾熱的太陽。拍攝期間，多位鄰居過來，透過相機鏡頭，觀賞這個百年難得一見的天文奇景，附近一家幼兒園的老師也帶了一批小孩子，來看太陽公公臉上長了青春痘。

每次拍攝日全食，大致都會待在陽光下兩個多小時，這次拍攝金星凌日卻超過六個小時，看到拍出來的照片後，即使脫了一層皮也都覺得非常值得。

左｜二〇一二年六月六日拍到的「金星凌日」也屬於一種日食現象，不過極為罕見，二〇〇四年出現過一次，下回就要再等到二一一七年才看得到了。照片中為金星凌日過程中的「第二接觸」（second contact），稱為「凌初內切」，指的是金星完全進入太陽圓盤面的時刻。

右｜照片中為金星凌日過程中的「第三接觸」（third contact），稱為「凌終內切」，指的是金星將要開始離開太陽圓盤面的時刻。

遇見北方的黎明

MEET AURORA

一九九四年十一月左右，我收到了從《天空與望遠鏡》郵購寄來的《極光觀賞者指南》（*The Aurora Watcher's Handbook*）。這是一本介紹極光的書，作者尼爾・戴維斯（Neil Davis）是美國阿拉斯加大學費爾班克斯分校地球科學教授，也是享譽國際的極光研究者。想都沒想到，就在這本書的指引下，讓我踏上了往後三十年無怨無悔追逐極光的歲月。

儘管好些年時光過去，但那位天文學家口中的三大天文景象，對我來說言猶在耳。不過，在有幸親眼觀測一九八六年的哈雷彗星和一九九一年的夏威夷日全食後，我人生中的三大觀測目標就只剩極光了。之前並不常在天文雜誌中讀到有關極光的文章，刊登的極光照片也寥寥可數，絲毫感受不到它所能帶來的視覺震撼。當時只初步了解極光與太陽的活動狀況有直接關聯，至於極光的誕生過程、顏色生成、運動狀況，以及地球的磁場、大氣層與極光有怎樣的互動關係等相關概念則十分模糊。

然而《極光觀賞者指南》扭轉了這一切。尼爾・戴維斯在這本書中詳盡說明了有關極光的一切資訊，針對希望觀賞極光的一般讀者，他首先簡明扼要地將極

光做了基本的介紹，並列舉了一些能讓讀者立即清楚了解的事項，包括極光的產生原因、日常生活中類似事物的比擬、人們最常看到極光的時間與地點，以及如何用相機來捕捉極光多姿多采的風貌……讓像當時的我那樣有興趣想從入門走向進階的讀者，能夠迅速掌握到觀賞的竅門與樂趣。

有心進一步深入了解極光的人，也可在該書後半部分的極大篇幅中，對諸如極光的種類、形狀、顏色、運動狀況等多樣的變化情形，都能夠獲得完整且清晰的全面認識，其中也有專章來介紹神祕的極光聲音。對極光進行有系統的科學研究，是從十九世紀後半葉開始的，在此之前的相關敘述則多屬觀測紀錄的層面，散見於居住在較北方的民族，如北美洲印第安人、愛斯基摩人和北歐維京人等的傳說與神話裡，書中也闢有一章單獨介紹古人對極光的了解。

尼爾·戴維斯的《極光觀賞者指南》，開啟了我三十年追著極光跑的不悔歷程。早在近兩年我開始以數位相機拍攝極光前，就已拍下了超過上萬張的正片，即使這幾年用數位相機拍下來，數位照片的累積很快就會超越正片，同時花費也會省很多。不過在正片完全從市場消失前，我還是會繼續使用，只是會省著點來拍一些更加精采的極光罷了。

顧名思義，極光是指發生在地球高緯度地區極圈附近上空的光，就發生地點來說就有北極光（northern light，學名為 aurora borealis，意指北方的黎明）與南極光（southern light，學名為 aurora australis，意指南方的黎明）兩種。

對初次聽到「極光」這個名詞的人來說，浮現出來的疑問，不外乎究竟什麼是極光？以及它們是如何產生的？針對此類基本疑問，給出簡短而不致誤導的答案就是：極光實際上為出現在地表上空極高處的光，一般來說高度不會低於一百公里，通常都在一百至兩百公里左右，有時甚至可高達數千公里，而且通常只能在晴朗的夜晚才有機會看到。極光的誕生則類似我們廣告招牌中的霓虹燈，在霓虹燈管中注入一些低密度的特定氣體，當電流通過時，會與組成氣體的粒子相碰撞，碰撞後依內部的氣體種類不同而發出特定顏色的光。同樣的原理，極光出現的顏色也是依高空中的氣體種類而定。

由於自己沒有觀賞極光的經驗，《極光觀賞者指南》自然成為我主要的參考資料。也因為只有在天空整個暗下來的時候才看得到極光，因此在北半球觀賞極光的最佳時間，是從九月的秋分到隔年三月的春分之間，這段期間的夜晚時間都比白天還長，看到極光的機率總會高一些。至於最適合的極光觀賞地點，考量氣候、交通、生活便利性等各種因素之後，阿拉斯加似乎就是最佳的選擇了。

前進極光之城

《極光觀賞者指南》中提到，阿拉斯加南部較靠近海邊的第一大城安克拉治（Anchorage）的氣候狀況，因為容易受到水氣影響而多變，但位處內陸地區的第二大城費爾班克斯（Fairbanks）的氣候狀態則相對穩定許多，這個地區一年平均有兩百四十三天，也就是約三分之二的日子會出現極光，被視為全世界看到極光機率最高的地方，自然就選擇它作為自己第一次觀賞極光的理想地點。

費力地把《極光觀賞者指南》看完，已經是一九九五年一月底了，那股觀賞的欲望愈發強烈，催促著我應該要加快腳步行動。而當時令過了春分之後，隨著北半球的白晝時間逐日增長，夜晚的觀賞時間自然就會減少，所以不宜太晚出發。只不過當時沒考慮到的是，一九九五年時太陽正處於活動極小期階段。

太陽的活動週期平均為十一年，在太陽活動極大期期間，太陽表面的太陽黑子數量會明顯增加，太陽表面的活動狀態也會因此熱絡許多，有時更會出現較大規模的爆發現象，這些現象或多或少也會對地球造成不同程度的影響，除了可能干擾電波通訊與破壞電力傳輸系統之外，還可能增加極光的出現

頻率，並使極光規模跟著增強；反之，在太陽活動極小期時，太陽黑子的數量會減少，甚至長時間消失，讓太陽表面的活動減弱許多，極光的呈現也隨之沉寂不少。

當年不巧剛好選到太陽活動極小期時出發，儘管並非是最恰當的觀賞時機，但硬著頭皮前往費爾班克斯的我，還是相信極小期出現極光的機率畢竟只是比較低而已，並非完全沒有看到的可能。為了保持這樣的衝勁，我當時立刻就決定絕對要趁著興頭正熱時前往阿拉斯加，以免因瞻前顧後，反倒使心中對看極光的熱切期望冷卻下來。

對我來說，阿拉斯加是個完全陌生的環境，那裡真的像照片一樣被一片白雪覆蓋著大地？在雪地開車該特別注意哪些狀況？拍照時相機的操作能否順利？自己承受得住那種不曾經歷過的低溫天氣嗎？出發前種種問題湧上心頭，平生第一次面對這些全然不同的生活體驗，心中難免惶恐與擔憂。為了讓首次的極光之旅圓滿順利，我所能做的

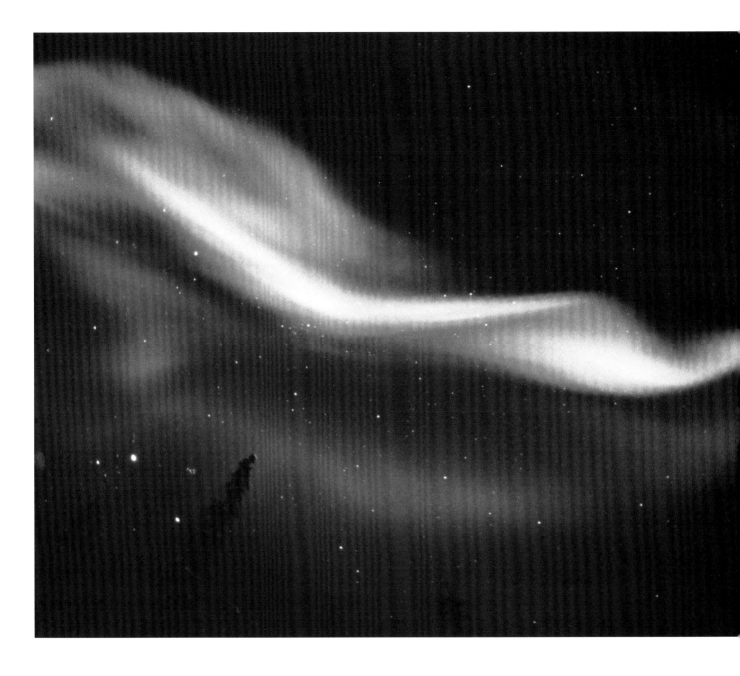

給未來的極光旅人

就只有先參考《極光觀賞者指南》中相關的注意事項來做必要防範。

隨著出發日子一天天逼近，一直縈繞心頭的那份對「光之精靈」的渴望也日趨強烈。當時根本料想不到，即將邁出的一步，究竟可能為自己開展出什麼樣的局面，純粹就是「跟著感覺走」。沒想到當時看似短暫的衝動之旅，卻從此更進一步豐富了我在天文觀測上的資歷，日後可自豪地稱自己是一位夠格的「天文癡」。

終於，一九九五年三月十六日這天，我一個人經多次轉機，終於抵達費爾班克斯。機場內絲毫感受不到任何寒意，然而看到接機的人們個個穿戴著厚重的禦寒裝備，馬上覺得身旁有陣陣冷風吹過，不禁打了個寒顫，也開始擔心帶的衣物是否足夠，而從車道上多部車子的排氣管不停冒出的白色蒸氣，推斷機場外的氣溫一定相當低。從安克拉治一路過來，地面覆滿了白雪，當時從正值春回大地的台灣來到依舊處於嚴冬時節的陌生環境，彷彿正迎向一場即將展開的全新生活，內心感受到的是夾雜著些許不安的激動。拖著行李走出機場大門前，不自覺希望步出門口時，極光就現身夜空歡迎我的遠道而來。

到旅館安置妥當，充分盥洗過後，全身頓時舒坦許多，不過一整天的飛行，已讓我整個人的精力幾近耗盡，於是決定先小睡片刻以養足精神。就寢前先到陽台探查天空的狀況，只見整片夜空瀰漫著厚厚的雲層，觀測狀況可說相當不理想，不禁有些擔心，但既然來了怎能就此洩氣！隨即甩甩頭決定不想這個。然而拖著疲累的身體上床後仍久久無法成眠，接下來的天氣狀況會如何呢？極光真的會出現嗎？……各種問題一直在腦中盤旋，儘管胡思亂想，但也盡量抱持著最樂觀的期待，還邊預想著自己在極光出現時會有怎樣的情緒表現──忘我地盡情吶喊、手舞足蹈？或者驚訝於它的動人表演而目瞪口呆？終於能看到一直朝思暮想的極光了，一股隨夜晚逼近愈發熱切的心情，讓我興奮得難以闔眼。

隔天接近中午才醒來，湛藍天空裡襯著數朵棉絮般的白雲，熱力十足的陽光帶來不少暖意，天氣
出奇地好，心情也隨之輕快燦爛了起來，於是開著車到處去認識環境。白日的暖陽會讓人覺得寒
意彷彿削弱許多，晚上八點多從超市回到旅館停車場，太陽下山也有兩個鐘頭了，此時氣溫已驟
降至零下十五度左右。下車後我習慣性地抬起頭仰望著星空，儘管停車場燈光亮了點，但仍然可
以看到旅館上方明顯地鋪上了一條約肩膀寬、如綠色毛毯的光帶，光帶延伸約莫半片夜空長，令
人忍不住想伸長手臂去觸摸那柔軟的表面。

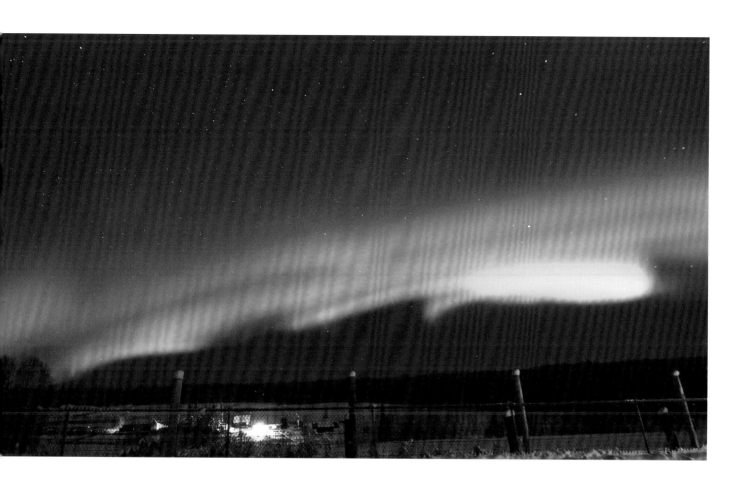

「難道這就是自己最近三、四個月來一直朝思暮想的極光？是不是觀賞極光都如此不費吹灰之力？」邊納悶的同時，忽然意識到自己在襯衫外只穿了件攝影背心，本想立刻衝回房間拿外套與相機，卻深怕極光會立刻消失，而錯過難得的與它第一次邂逅的時機，於是就這樣我動也不動地佇立在空無一人且寒冷難耐的空曠停車場，且盡量睜大雙眼，要把眼前的一切通通烙印在腦海深處。

靜靜懸掛在天上的極光，一直維持大致相同的寬度，淺淺的草綠色中略帶一絲淡黃色，在幽黯星空的襯托下更顯亮眼突出。即使極光位在百公里遠，仔細端詳也似乎真能看清楚其內部狀況，就像一只透明的玻璃容器中盛裝了無數細細的沙粒，或像是被煮沸的開水般持續且激烈地翻攪著，又彷彿是奇異果冰沙般的蓬鬆表面，輕輕一碰就會出現凹陷。

十多分鐘過後，只見極光逐漸緩慢地往遠處移動，最初呈現出濃密的飽和狀態，此時已大大稀釋得好像白雲一樣，完全看不出極光原有的綠色調，而原本被遮住的大北斗也終於露出臉來。我看得太過入迷，不知何時身旁站了兩位日本女孩，她們一看到極光立刻拉高聲調驚呼，「好漂亮、好壯麗喔！」同時露出比我還興奮的表情。

受到她們的感染，我也跟著發出幾聲讚嘆聲，直到極光消失，才帶著雖千言萬語亦不足以形容的滿足與喜悅回房休息。進入屋內，快被凍僵的身體感受到有如千軍萬馬

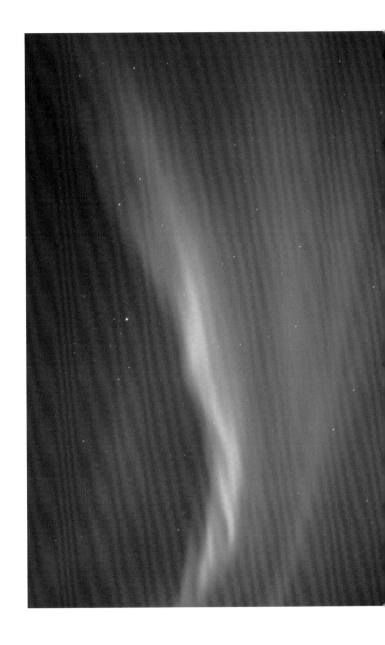

給未來的極光旅人

般在全身到處流淌著的熱血，此種景況堪與第一次觀看哈雷彗星與日全食相比擬，我回味起剛剛的每一分每一秒，即使只有短短的十多分鐘，已經讓我覺得大呼過癮、不虛此行了！

接下來在旅館附近分別看到了三次極光，色調雖然沒有第一次看到的明亮，但從西方天空延伸出來分成數條寬度不等、界限不那麼明顯的極光，其中最亮的一條在中段部分蜷曲成好像雙股螺旋狀 DNA 鏈，由於這次早有準備，終於拍下了我的第一張極光照片。接著另一次的極光快速移動著，形態變化多端，光度也愈來愈亮，先由稀疏散布的狀態聚攏形成一大片有四、五條車道寬的濃密綠色極光，最後在夜空中轉了一個大彎，相當壯觀。不過當你醉心於欣賞極光的動態美感時，它也有可能在短短不到幾秒鐘的時間，陸續從視野中消失，快速的變動就跟它時而倏忽出現的情況一樣，總會令人驚訝不已。

離開費爾班克斯的前一晚，我在旅館旁一個沒有光害的小公園裡再度看到了極光，就像朝池塘裡丟下一塊石頭，激起同心圓狀的水波後陸續向四方擴散出去，最後形成了一道巨大拱門，數分鐘後慢慢消失在夜空中。想起這次的體驗，覺得自己在觀星生涯中彷彿也跨越了一道巨大的拱門，內心不禁湧上一股無以名之的滿足。

一九九五年第一次到費爾班克斯時看了三晚的極光，即使不是那麼精采，但已讓我覺得非常幸運能如願以償了。這是當時拍到的第一張極光照片，下方呈現出有如 DNA 螺旋構造的蜷曲狀態。

Northern Lights cannot be described in words,
it must be experienced.

只有旅人才能體會的極光之美。

極光的迷人，以及出現與否充滿不可預知性。

那份隨時都是全新期待的樂趣，強烈吸引著我一再前往觀賞。

極光小傳

位於阿拉斯加內陸的費爾班克斯氣候穩定，

一年多達 243 天可看到極光，十分適合旅人前來捕獵美麗極光。

THE GREAT
BEAUTY

Like DNA and human fingerprints,

no two auroral events are ever the same.

　　　　　　給未來的極光旅人

沒有兩道極光會一模一樣。

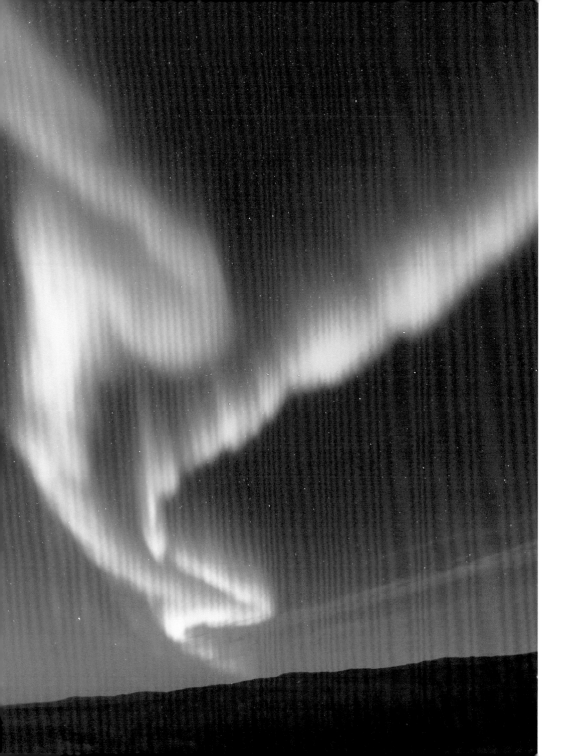

極光的誕生

太陽風中的帶電粒子被導引至極圈上空附近，與地球高層大氣中的原子和分子撞擊後所發出的光就是極光，帶電粒子擁有的能量能夠決定它們進入大氣層會有多深、會在哪個高度產生極光。而知道了不同氣體的高度分布狀況，就能知道帶電粒子大概會撞擊哪種氣體，以及會出現哪種顏色的極光。

太陽為一顆平均溫度有五、六千度的高溫大火球，主要由氫原子組成，並以它作為核融合（nuclear fusion）的燃料，藉此產生能量而發光。而太陽球體的外側為延伸可達數百萬公里、溫度將近絕對溫度兩百萬度的日冕（corona），足以將氫原子的電子剝離，形成一種包含質子和電子等帶電粒子的電漿（plasma），持續射向太陽系的每個角落，就是所謂的太陽風（solar wind），以平均每秒約四百公里的速度，來到距離太陽一億五千萬公里的地球，大約需要三天。此外，由日冕洞（coronal hole）、太陽

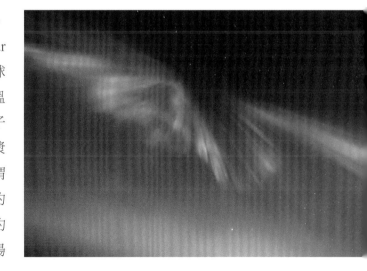

閃焰（solar flare）、日冕巨量噴發（coronal mass ejection）三種現象產生的太陽風更猛烈，分別會以高達每秒八百、一千和兩千公里的速度抵達地球。極光基本上就是太陽風與地球這個大磁鐵之間產生相互作用所造成的現象之一。

英國物理學家吉伯特（William Gilbert）在西元一六〇〇年就證明了地球為一塊巨大的磁鐵，猶如一根穿過地球中心的棒狀磁鐵，會形成偶極磁場，而南北兩個地磁極偏離地理極十一度。磁場線分別從南北兩個地磁極輻射出去，並連接成環，在地球周圍形成磁場，正是這個磁場的屏障，使得大部分太陽風通過由地球磁場形成的磁層（magnetosphere）外側，而無法大舉穿透地球大氣層。

面向太陽一側的磁層受到太陽風擠壓，原本厚達二十個地球半徑的磁層變成只剩一半左右；而遠離太陽一側的磁層，則被拉扯形成類似彗尾形狀的磁層尾，延伸達數百個地球半徑遠。

當太陽風來到地球磁場的磁層尾時，由於太陽風本身所具有的微弱磁場與地球磁場的外側邊緣（稱為磁層頂）產生相互作用而造成高度扭曲狀況，就有可能讓磁層出現漏洞，使得太陽風中的帶電粒子能滲進地球磁場內。這些進入地球磁場區域內的帶電粒子，會以螺旋形路徑沿著地球磁場的方向行進，由磁場線帶領它們到南北兩個地磁極附近上空的大氣層裡。

挪威物理學家柏克蘭（Kristian O. B. Birkeland）在一八九六年即推論出，由於帶電粒子受到地球磁場的導引，而被局限在圍繞極區的圓形區域裡，甚至暗示了太陽就是提供這些帶電粒子的來源。日後藉由人造衛星的觀測，科學家在一九六三年證實了極光的出現，確實被局限在以地磁極為中心、直徑可達約四千公里近乎圓形的環狀區域裡，稱為極光橢圓區（auroral oval）。

和任何棒狀磁鐵擁有南、北兩個磁極一樣，地球也存在有南、北兩個地磁極，以它們為中心各有一個極光橢圓區。北半球的極光橢圓區，一般會通過阿拉斯加、加拿大北部、格陵蘭南部、冰島、挪威北部海岸，以及俄羅斯西伯利亞海岸外側；南半球的極光橢圓區，則有部分通過南極大陸，其餘通過印度洋南部。由於有人居住的非洲、南美洲、澳洲和紐西蘭與南半球的極光橢圓區都有相當的距離，因此直到一七七三年，著名的英國探險家庫克（James Cook）船長在一次航行印度洋南部期間，才首次記錄下南極光的出現。

極光橢圓區所涵蓋的範圍並非以地磁極為正中心，而是會稍微朝地球的夜晚側偏離，其寬度與延伸範圍在太陽活動的十一年循環週期裡都會有所改變，甚至每天都不一樣。在太陽活動週期的極大期裡，太陽風中的龐大帶電粒子流抵達地球，就有可能形成所謂的磁暴（magnetic storm），自然使得極光活動的規模增加，極光橢圓區即會變寬，並延伸到中高緯度地區；若發生罕見的大型磁暴，甚至有可能更往赤道方向延伸。相對地，在極小期時，極光活動的規模會減低，極光橢圓區就會變窄，並朝地磁極收縮。

近年來又進入太陽黑子活動高峰，極光的各種變化與運動也活躍許多，費爾班克斯也湧入許多追極光的旅人。

組成地球大氣層的成分，大部分是氮和氧，簡單來說，極光即是來自太陽風中快速運動的電子和質子，撞擊地球高層大氣中的氮和氧而發出的光。從太陽發出的光只要八分半鐘就會抵達地球，而組成太陽風的帶電粒子則以較太陽光慢一千倍的速度行進，需要三天才會來到地球。一旦這些也帶有動能的電子和質子進入地球的磁層之後，會被與磁層同時存在的電場加速至光速的五分之一左右，就足以讓它們穿透大氣層，來到地表上方大約一百公里左右的高度。

　　　　給未來的極光旅人

電子與質子進入地球磁層會被加速，並且被磁場導引至極區附近的高層大氣裡，在行進路程中也都會撞擊到許多大氣層的原子和分子，直到它們的動能耗盡為止。此種撞擊過程，能使大氣層中的原子和分子獲得額外能量，接著會立刻以光子的形式釋出這些額外獲得的能量，就是我們看到地極光。擁有不同組成的物質放出的光子能量也有差異，即代表一種特定波長的光，呈現出的顏色也就不同，因此極光的顏色主要是由這些氣體的性質來決定。

極光的產生過程，可以想像成撞球檯上的白色母球代表進入大氣層的快速帶電粒子（電子和質子），當它撞到其他色球（大氣層中的氧、氮原子和分子）後，接著會繼續去撞其他色球，直到動能耗盡就停止前進，這些被撞的色球即經由放出一道閃光（光子），遂將它們剛獲得的能量拋棄。不過，極光中發出的個別閃光都太弱，眼睛根本無法看得到，因此要看到極光，估計在高層大氣每立方公分的體積內，每秒鐘必須發出數百萬道閃光，才能出現一次看得到的極光，進來的快速帶電粒子流也必須達到每平方公分的天域，至少每秒要有一億個粒子。

產生極光的整個過程，還可用早期電視機的例子來說明，就很容易理解，將太陽與地球組成的系統比喻成電視機裡的映像管，它的末端為一個會發出電子的陰極射線管，內部的電場可以將電子加速，被精確控制下的磁場和電場導引來到映像管表面的適當位置，電子在此撞擊一層螢光塗料而發出光，結果就是我們看到的電視影像。

太陽及其持續向外延伸的太陽風，即類似發出電子的陰極射線管，當攜帶著電子和質子等帶電粒子的太陽風接近地球時，大多數帶電粒子會流過磁層朝太陽系外側遠去，少部分則滲入磁層內部。此時地球的磁場和散布其間的電場產生的作用，就如映像管內部的電場，會將帶電粒子加速，並導引至地球南北極區，讓它們撞擊高層大氣中的原子和分子。在大氣層裡發生的這些撞擊現象和電視螢光幕上的螢光塗料受到電子的撞擊一樣，發出的光即是我們看到的極光。因此可以說經由這種方式產生的極光，正是呈現在一個延伸達一億五千萬公里之巨大電視映像管表面的影像。

地球有南北兩個磁極，在南北極圈地區自然都會出現極光。大多數情況裡，南極光和北極光都很相似，幾乎會在相同時間出現並以相同方式運動而呈現出鏡像效果，法國科學家麥蘭（Jean Jacques d'Ortous de Mairan）在一七三三年出版之第一本討論極光的教科書裡，就合理推測出這種共軛現象（conjugacy），認為南半球也可能出現極光，並可能類似於在北半球看到的極光。庫克船長在一七七〇年證實南半球也會出現極光，到了十九世紀中葉，科學家也已了解到南北半球出現的極光，一般具有相似的行為。

從一九六七年到一九七一年，阿拉斯加大學費爾班克斯分校地球物理學研究所和洛沙拉摩斯科學實驗室（Los Alamos Scientific Laboratory）的研究人員，執行了總共十八次的雙機飛行觀測任務，以兩架飛機分別從阿拉斯加的安克拉治（Anchorage）和紐西蘭的基督城（Christchurch）起飛，攜帶特殊觀測儀器同時抵達經詳細計算過的地磁共軛點，攝得的極光影像顯示出極高程度的共軛現象。證實南極光和北極光的確呈現出鏡像（mirror image）的效果。另外還發現一些不同之處，例如從統計上來說（但並非一直如此），北半球的極光都比它們在南半球的對手還明亮，這可能是地磁場並非呈完美對稱造成的；而在極光活動的最高期間，南半球的極光通常比北半球的極光更接近赤道。

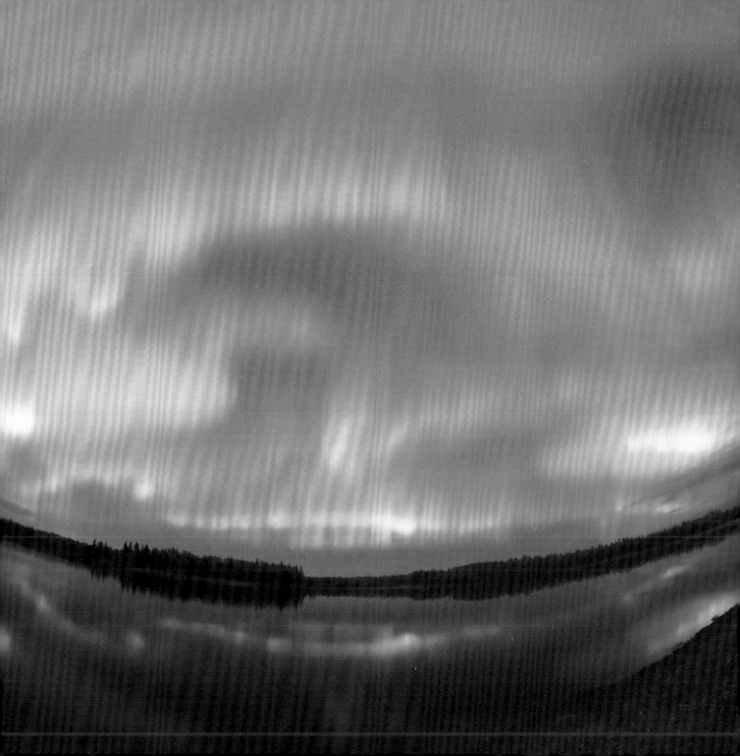

給未來的極光旅人

極光的顏色

靠近地表的大氣組成以 78% 的氮分子和 21% 的氧分子為主，其餘 1% 則為二氧化碳、氦、氫、甲烷、氪、氖、氙等其他氣體，直到一百公里左右的高度幾乎都是如此。在大氣層最高約五、六百公里以上的部分，氫和氦原子含量相對較高，但發出的極光譜線較弱。

由此高度降到約兩百公里，氧原子含量最高；一百至兩百公里高度範圍內，氮分子占大多數，其他則以氧原子和氧分子最多；由一百公里高度以下到極光產生最低高度的六、七十公里之間，氧分子和氮分子占絕對多數。

極光的顏色是由不同種類的氣體（亦即呈原子、分子或離子狀態）的性質來決定的。極光的出現通常發生在地表上方一百至一千公里的

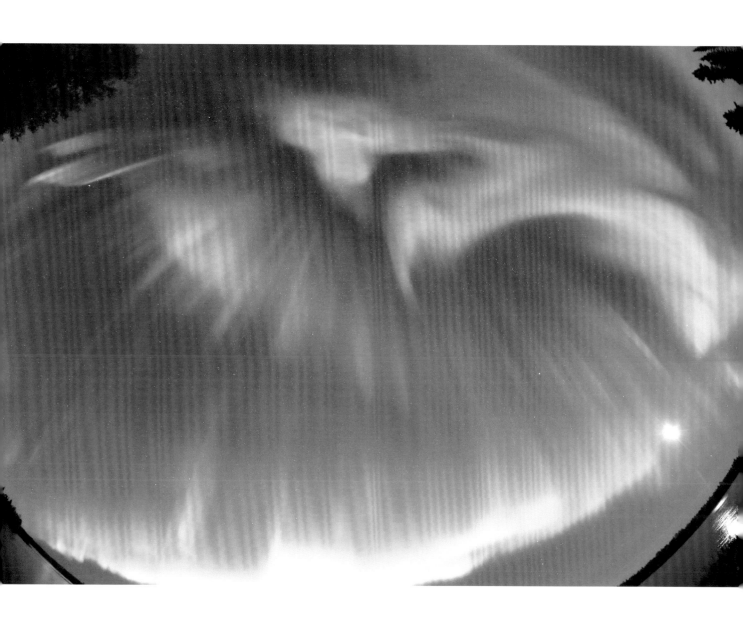

高度之間，有時最低在八十公里左右，一個極光可以高達數百公里，約有一公里厚。光的顏色是以光的波長來描述的，這是因為光是由光子（photon）這個可量化的單位組成，每個光子就是一個特定波長，不僅能夠說明它是哪種顏色，也指出了它所攜帶的確實能量。知道了光子的波長與能量之間的關係，對於了解進入大氣層的帶電粒子撞擊高層大氣中一個氣體原子所產生的極光有相當助益。

綠色極光 Green

我們看到的大多數極光是由氧原子和氮分子產生出來的，氧原子能產生最常看到且是極光中最明亮的單一綠色譜線，其波長正位在人類眼睛最敏感的部分。當氧原子與受激發氮分子碰撞，會從「基態」被激發至高能階，接著在它與其他大氣粒子碰撞前喪失其能量，回到第一能階時，會放射出綠色的光子。

由於綠色光的波長最符合人的眼睛，所以我們最常看到的是綠色極光，也有不少人會誤以為極光只有綠色的。

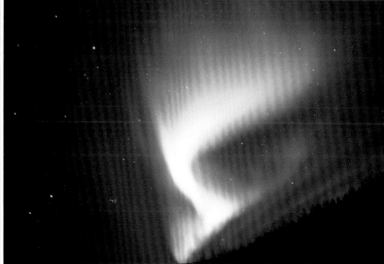

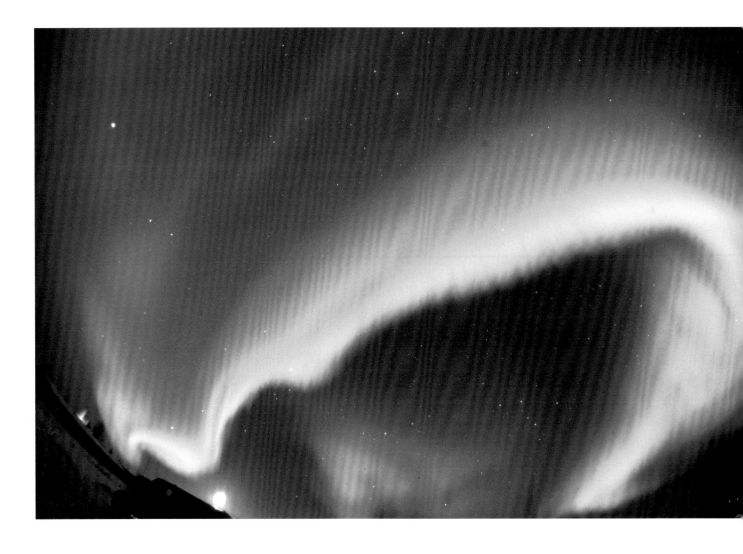

較低層的大氣密度較濃，粒子間的碰撞也較常發生；而較高層的大氣密度相對較稀，可以讓一些氧離子經由放射出一個紅色光子而回復到其「基態」。如果原來的氧原子受到一個低能量電子激發，也能放射出紅色光子。

給未來的極光旅人

紅色極光 Red

出現在一個極光上部的紅色有時也會出現在下部，但不常見，那是由氮產生的。在九十公里左右的高空，氮分子的分布相當普遍，當一個擁有比產生綠色極光的電子還多一千倍能量的電子來到這個高度，與氮分子碰撞時，即將它激發至第一能階；在氮分子回復到基態時，就會放射出四種不同色調的紅光。

一片血紅彌漫整片天空的紅色極光看起來相當震撼，以前的人還曾把紅色極光當成戰爭和疾病的一種預示。

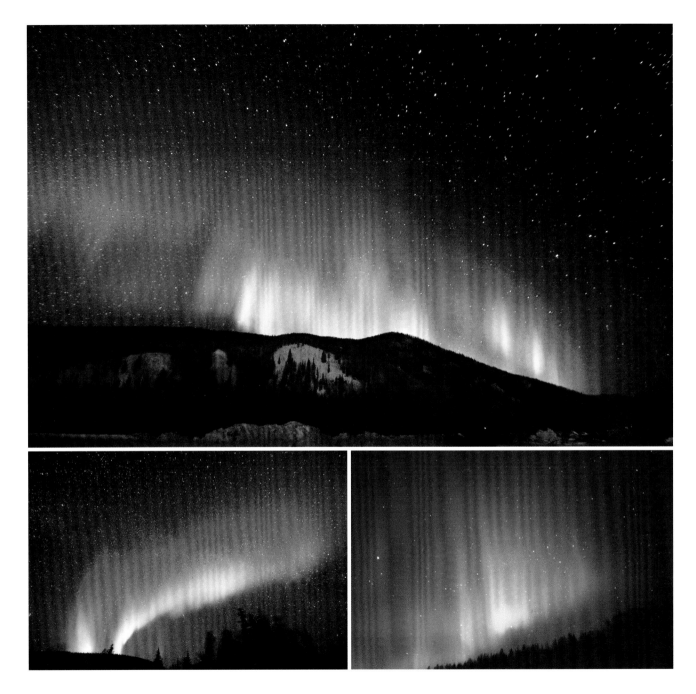

給未來的極光旅人

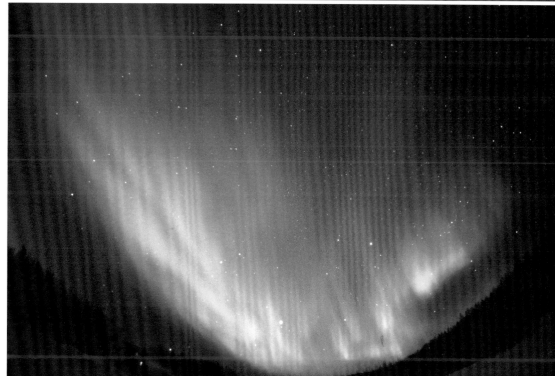

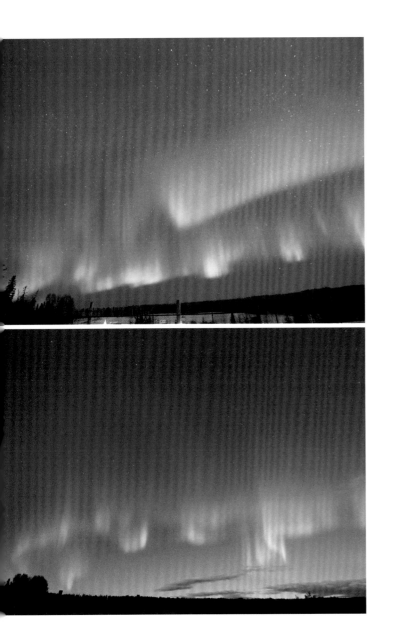

黃色、紫色、藍色、粉紅色極光
Yellow, Purple, Blue and Pink

除了綠色和紅色之外,也會出現其他顏色的極光,例如紅色和綠色極光重疊就能產生明亮的黃色極光。在一千公里的高度上,氮分子受到太陽紫外線的照射,會失去一個電子成為氮離子,當太陽風的帶電粒子與它碰撞時,就會產生紫色或藍色極光。在八十或一百公里的高空也找得到氮離子,太陽風的帶電粒子若能來到此處與它碰撞時,會放射出紫色光子。

當位在八十與一百公里高空之間的氮分子,受到一個高能量電子撞擊時,也能產生粉紅色極光。可惜的是,以肉眼根本看不到通常都太暗的紫色與藍色極光,不過,倘若極光的活動較激烈的話,肉眼是有可能看到粉紅色極光的。

人的肉眼比較難看到藍紫色極光,不過就算覺得眼前只有綠色極光,還是可以盡量使用相機拍攝,常會有不期而遇的驚喜出現喔。

粉紅色極光也屬於較難看到的極光,不過當極光活動較激烈時,肉眼是有可能看到粉紅色極光的。

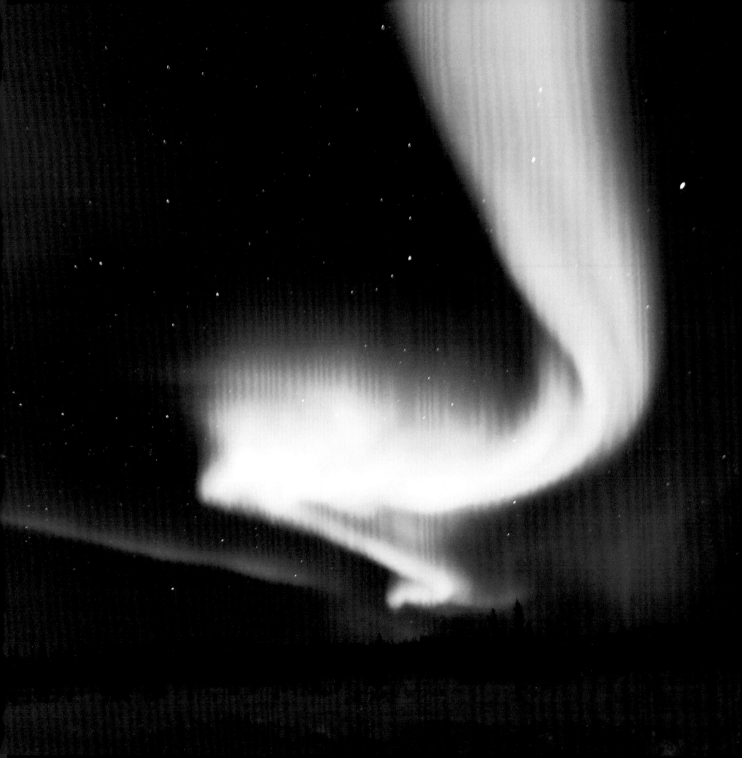

極光的形狀與變化

THE SHAPES AND FORMS OF AURORA

就像雪花一樣，沒有兩個極光是完全相同的，不論是它們的顏色、形狀或運動情形，都是變化無窮且難以預知的。

伴隨著綠色極光的會是紅色、紫色，還是粉紅色呢？極光會維持不動，還是緩步輕移或疾速行進呢？它們的形狀更是隨時在變，有如嬉戲的海豚、飛天仕女、NBA 籃球官方標誌、展翅的老鷹、海芋花等……隨各人想像而有不同稱呼。

縱然以科學方法研究極光已超過一百年，研究人員長期致力於極光的分類工作，卻因為它的變化實在太多，而無法進行精準的系統化分類，故始終未能獲致一個放諸四海皆準的系統，即使如此，他們仍就極光呈現出來的形態，以數種基本特徵來描述其間的差異，也都為大多數科學家經常採用。

弧狀極光 Arcs

基本上，通常看來似乎出現在遙遠天邊，靜靜地一動也不動，有一條或
多條細長而均勻的光帶，外形單純無明顯變化且稍微彎曲，底部具有平
滑的邊緣，可以從一方地平面延伸到另一方地平面，就如一個圓圈中一
段彎曲的部分，此種極光即稱為弧狀（Arcs）極光。

給未來的極光旅人

給未來的極光旅人

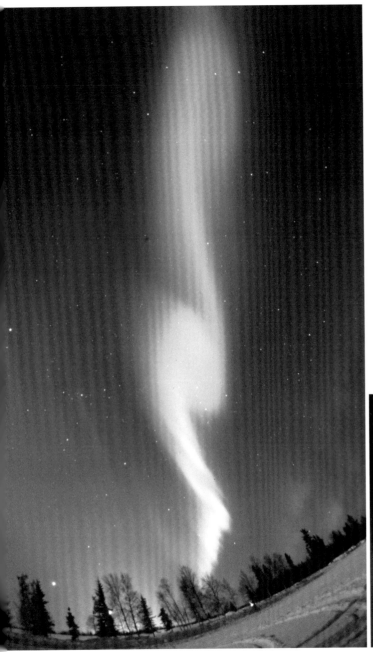

帶狀極光 Bands

如果弧狀極光開始發生運動現象，它的底層部分有些不規則的紐結或彎曲特徵出現，可稱之為帶狀（bands）極光。弧狀極光有時可以持續一、兩個小時，沒有出現任何活動狀態，有時也會在數分鐘內發展出相當明顯的褶曲，而成為帶狀極光，甚至可能會蜷曲成一種螺旋狀（或稱波浪狀）極光。另外，還有一些極光完全不具有任何明顯特徵的外形，只是一片孤立且範圍小的發光區域，可稱之為片狀（patches）極光。

給未來的極光旅人

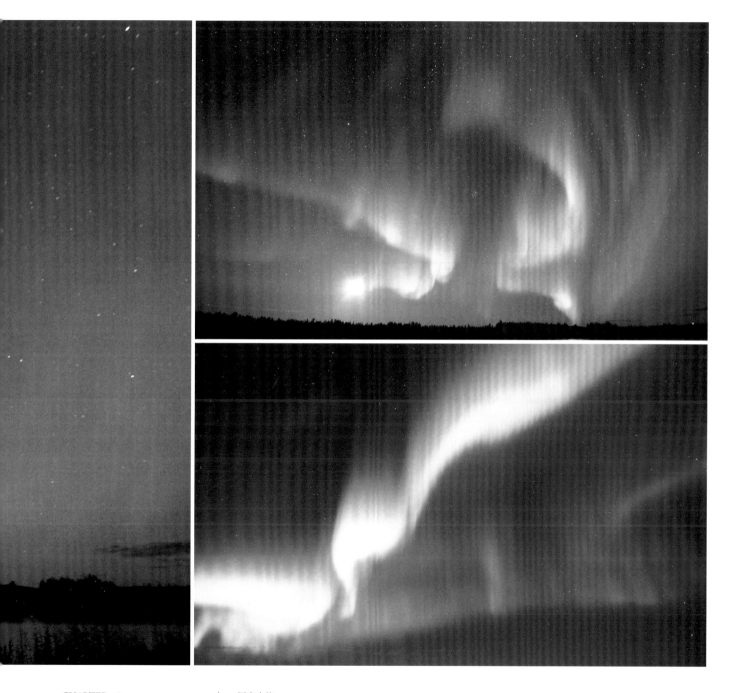

射柱狀極光 Rays

弧狀極光和帶狀極光，通常是在夜晚稍早時分最先出現的極光，也不具有較明顯的內部結構，不過進入半夜時分，極光的形狀與結構即會展現出顯著且多樣的變化，如果碰巧又發生極光副暴（auroral substorm）的話，將使極光的形態變得更活絡。極光副暴為一種全球性現象，是指極光活動的一種間歇性增強狀態，能夠影響極光橢圓區裡所有個別極光的

形成，以及極光橢圓區本身所涵蓋的範圍，能夠使極光的強度和形狀出現明顯變化，可以用來作為地球周圍出現電磁擾動現象的證據，對那些戮力探究而想完整了解太陽與地球相互作用之所有細節的科學家來說，是相當重要的一種現象。

發生極光副暴時，在數分鐘至數十分鐘期間裡，會造成極光幾乎是爆發性的激活作用，使極光的亮度突然增強，此種增強過程會迅速擴散出去，也能夠使極光發展出大規模的褶曲狀態，從地面上就能觀賞到此種壯觀景象。一次極光副暴的整個持續時間可達約一至三小時。

給未來的極光旅人

阿拉斯加大學地球物理學研究所的科學家，根據一九五八年至一九五九年的國際地球物理年（IGY, International Geophysical Year）期間蒐集的科學資料，在一九六〇年代初期即確認出極光副暴現象的存在。

極光副暴出現時，原本看似寂靜的弧狀極光，可能會發展出許多沿著地球磁場方向，排列在一起的長條狀直立光柱，稱為射柱狀（rays）極光。

　　給未來的極光旅人

紗帳狀極光 Veils

若出現了通常涵蓋相當可觀天域的大片極光，同時看得到其中排列在一起的射柱狀極光，則總稱為紗帳狀（veils）極光，而且由於觀看位置的不同，所看到的紗帳狀極光就會呈現出不同風貌。

給未來的極光旅人

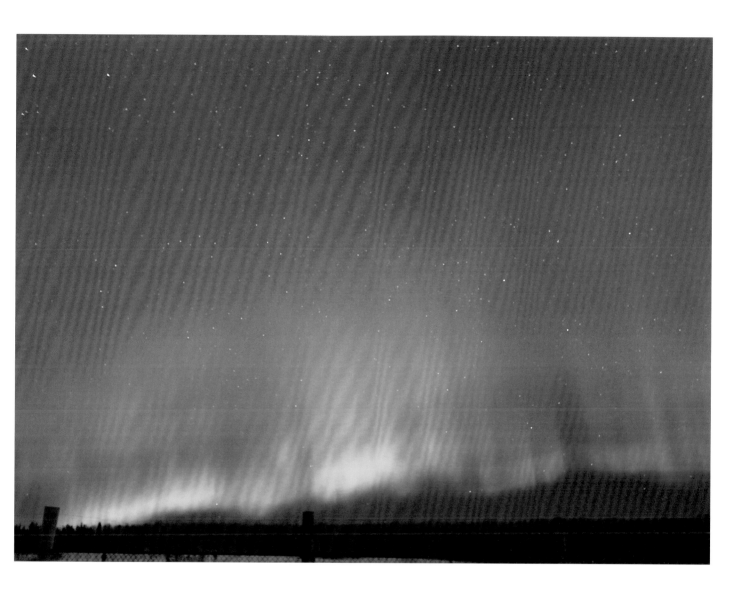

簾幕狀極光 Curtains

隔著相當距離觀看紗帳狀極光時，其中的射柱狀極
光若以顯著的褶層迅速移動並且圈繞出環狀結構，
就像窗簾一樣，可稱之為簾幕狀（curtains）極光。
在簾幕狀極光中可以看到明顯的射柱狀極光迅速移
動，有時在綠色的射柱狀極光底部或光帶前緣也可
看到紅色或帶有紅色調的紫色極光。

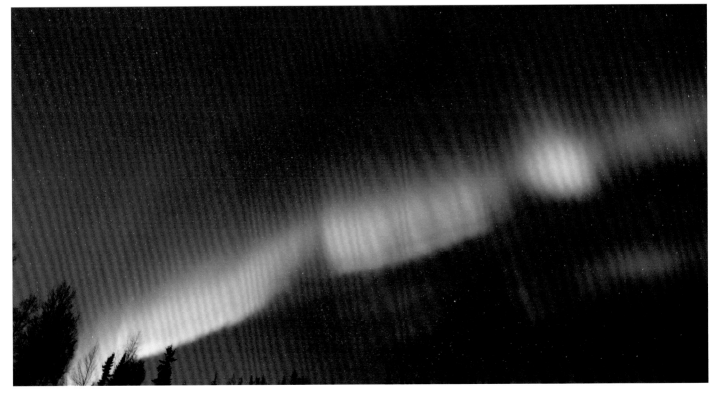

給未來的極光旅人

　　　　給未來的極光旅人

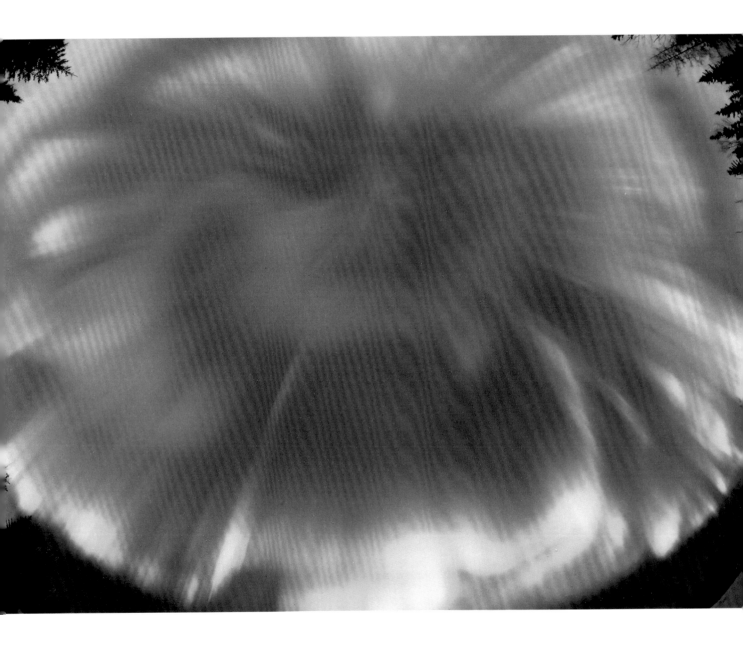

　　　　　給未來的極光旅人

冠冕狀極光 Coronas

當紗帳狀極光出現在頭頂正上方時，看到的則又是另一種景象。此時抬頭往上看，一大群射柱狀極光似乎全部從天空中的一個特定點，向四面八方輻射出來，從底部凝視也似乎是朝夜空中的一點聚集，這其實是一種視覺上的透視效果，猶如在雨中開車時看到雨點從前方的某一點傾瀉出來一樣，更和觀賞流星雨現象時，流星的行進軌跡全部可以往回輻輳至輻射點（radiant）的情形類似，可稱之為冠冕狀（coronas）極光。夜空中的同一個極光對位在不同地點的觀賞者而言，就會有不同的形容，有人會說是冠冕狀極光，別人可能會說是簾幕狀極光。

極光的運動情形與其形態同樣多變，可以持續一段長時間的穩定狀態，只出現一些漸進而不重複的變化，也可能會週期性地出現亮度增強或減弱的變化。快速運動出現時，可以從每秒十次左右的脈動到肉眼無法分辨的程度，亮度變化自然也會從只能藉由儀器偵測的極弱狀況，到能夠投射出影子的強度。

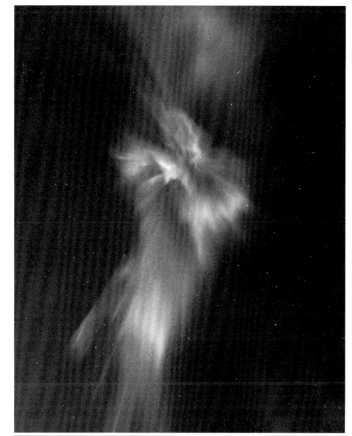

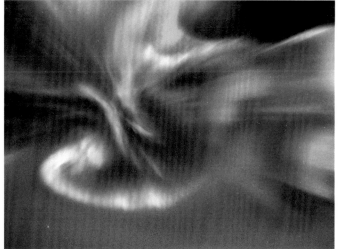

極光可以在一個晚上的短期間內出現多樣變化，但作為極光發生源頭的太陽，因週期性變動所發生的任何變化，都會引起帶電粒子流內部也產生變化，進而影響極光呈現出來的狀態。太陽有大約八十年和兩百五十年的長週期變化形態，不過短週期的十一年太陽黑子循環週期，對極光的影響卻是最顯著的。

太陽活動的強弱與否，支配著極光的多樣風貌，若能事先預測太陽的活動狀況，自然有助於安排極光觀賞計畫。今天，世界各地有許多天文台持續對太陽進行監測，太陽表面發生的各種爆發現象，能使太陽風在一至三天內抵達地球，觀測者藉此都能有足夠時間預先安排觀測計畫。此外，與大型太陽黑子關聯的強烈活動區域，可以維持數個月之久，而太陽繞軸自轉的週期大約二十七天，因此產生一次磁暴的強烈活動區域，也可能於二十七天之後，再產生另一次磁暴。

　　　　　　給未來的極光旅人

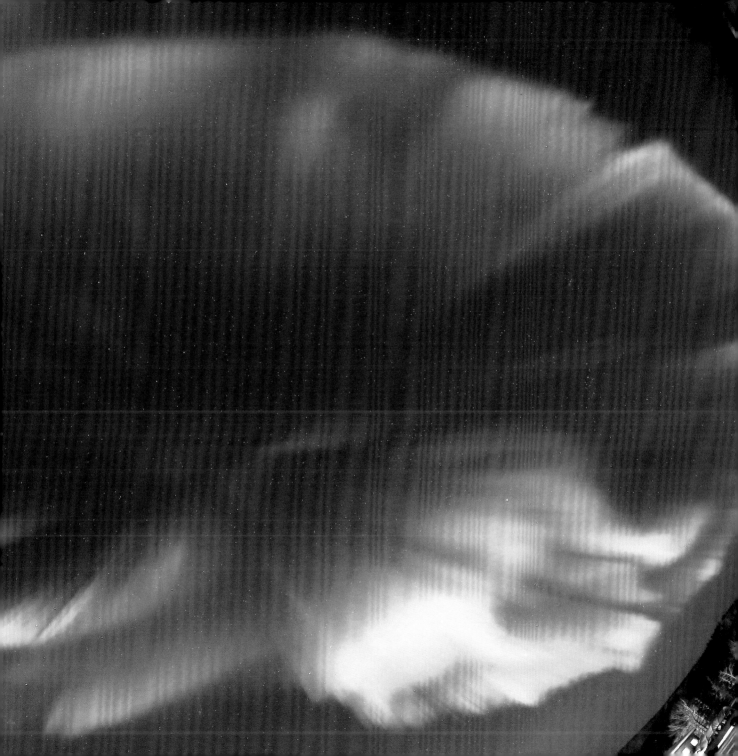

神祕的極光之聲

有關極光的科學研究即使已超過一百年，對其產生的機制、發生地點，以及呈現的形狀、顏色、運動狀態等特徵，都有相當完整的了解，不過仍有少數未解之謎需要更進一步的證據來闡明，其中之一就是神祕的極光聲音。

數千年來，即使在今天都還有人指出，曾聽過極光會發出數種不同的聲音，但大都被描述成有如微弱的咻咻聲或噼啪聲，並且通常是冠冕狀極光在頭頂正上方快速移動期間產生而被聽到的。研究人員對這些說法感到疑惑的理由，是在距離地表上方一百公里處產生極光的高空，因空氣太稀薄而無法有效傳遞聲音。

另一個持疑的理由是屬心理層面的，那就是在日常生活裡，一般人總認為高速運動中的物體會伴隨發出聲音，因此當頭頂正上方出現冠冕狀極光時，由於感覺上與它的距離比較近，又看到其中的射柱狀極光迅速移動的態勢，直覺上就彷彿聽到了來自極光的聲音。縱使如此，人們至今仍繼續描述這些聲音，而針對極光聲音所進行的所有錄音嘗試，也都未能獲致直接且具體的證據。

給未來的極光旅人

極光旅人的
行前課

範圍可涵蓋整個頭頂上方的冠冕狀極光，
以魚眼鏡頭更能完整捕捉到其壯觀景象。

1. 選擇觀賞極光的時機與地點

一年有 243 天看得到極光的費爾班克斯

由於極光大部分出現在高緯度地區的極光橢圓區裡，觀賞機率當然愈往北方愈高。根據統計，美國中部的密蘇里州等地區，一年也許有五個晚上看得到極光，不過勢必要付出更多個夜晚的等待，同時當天也必須是晴朗的夜空。愈往高緯度地區，可能看到極光的天數也會隨之增加，而同樣為極光橢圓區覆蓋的地區，因地理位置與地形差異所形成的氣候狀況，對觀賞機率同樣會有相當程度的影響。相較於阿拉斯加中部內陸地區的費爾班克斯，氣候形態就比位於南邊較靠近海洋的安克拉治穩定許多，一年平均有兩百四十三天會出現極光，安克拉治則只有一百天左右，在觀賞極光地點的選擇上，兩地優劣立判。

晴朗的星空是必要條件

極光產生的高度一般不會低於一百公里，晴朗的星空就成為能否看得到極光的先決條件，它順理成章地成為極光表演的舞台背景，位於低空的任何雲層如果太濃密且布滿天空，縱然上方出現大規模極光，恐怕只能仰天長嘆了。

給未來的極光旅人

要享受觀賞極光的無窮樂趣，晴朗的星空絕對是必要的條件。

極光出現後，持續的時間可以從數分鐘至個把小時，然而並非入夜後整個晚上都看得到，以我在費爾班克斯的經驗來說，最佳觀賞時間通常是午夜前後一、兩個小時之內，以及清晨三、四點左右。若要不錯過任何一個觀賞極光的機會，就應該牢記「不要輕易放棄夜晚的每個時段」這個原則，因為極光常會隨興、毫無預警地出現。有月亮的晚上，在長時間曝光過程中，月光勢必會影響拍攝效果，滿月影響更大，因此盡量避開月光的干擾，也是需要考慮的因素之一。

給未來的極光旅人

晝長夜短的夏季不適合看極光

就季節上來說，在北半球觀賞極光的最佳時間為九月底至隔年四月，期間夜晚的長度較長，看得到的機率總是比晝長夜短的夏季時分高得多。不過，其實只要是晚上都有可能看到極光，而夜晚時間較長的秋冬季節，看到的機會總是比較多，但北國冬季氣候嚴寒也是許多旅人須考慮的挑戰之一。

左｜位於阿拉斯加內陸的費爾班克斯氣候穩定，一年多達兩百四十三天可看到極光，十分適合旅人前來捕獵美麗極光。

右｜明亮的月光對於拍攝極光多少會有影響，觀賞時間如能避開滿月期間更佳。

私房景點大公開

三十年來，自己在費爾班克斯附近不少地方拍攝過極光，如契納溫泉度假中心（Chena Hot Spring Resorts）、野牛牧場（這是一般遊客對它的暱稱，它其實是阿拉斯加大學的「大型動物研究站」LARS），甚至郊外的輸油管，也都是觀光客與背包客熟悉的地點。其中契納溫泉度假中心還特別在半山腰蓋了一棟小木屋，供遊客在夜晚觀賞極光時不致受寒。

此外還有一些地方屬於私人景點，例如契納湖（Chena Lake）與樺樹湖（Birch Lake），沒有什麼光害影響，都是觀賞與拍攝極光的理想地點。如果極光提早出現，來不及整裝出發，還可以就近到旅館附近的小公園拍攝。狗拉雪橇場原本也是個不錯的地點，只是自從在房舍外面裝了兩盞大燈後，反倒成了觀賞極光的最大光害，近幾年就不再去那裡了。

從費爾班克斯去北極圈的行程，單趟就要五、六個小時，晚上回程途中若有極光出現，都會找個適當地點停下來觀賞及拍攝，整個路程除了來往車輛之外幾乎沒有任何光害，無論觀賞或拍攝都覺得非常過癮，拍到的極光照片也都令人相當驚豔。

上｜契納湖面積不小，冬季湖水結冰，可以到湖面上選取多個地點，從不同角度來拍攝極光。
下｜較不受光害影響的樺樹湖也是觀賞極光的首選地點之一。

2. 拍攝極光的必備知識與技巧

看過極光照片所呈現出來那令人嘆為觀止的多樣風貌，幾乎每個前往觀賞的人也都想親自拍下它的千姿百態。

雖然有少數人謙稱不會使用相機，只想用眼睛記錄在腦海中，但我都會鼓勵他們能親自拍下極光，總是比較有成就感，畢竟就某些方面來說，極光攝影是天文攝影中最簡單的項目之一，不過在拍攝過程中仍需注意一些基本細節與要求。

地點──盡量避開各類光害的環境

觀賞極光就像觀星一樣，選擇適宜地點首重能盡量避免各類光害的影響，繁星點點綴滿在炫麗多彩的極光裡就是一幅絕佳的畫面，如果能再考慮觀賞地點的周圍環境，視野不要有太多阻礙，觀賞興致自然不會打折扣。若能將地面的各類景物，諸如覆蓋皚皚白雪的山峰、平靜無波並映照出地上景物的湖面、或形單影隻或簇集成林之披上雪衣的樹木，甚至一片銀白世界中從窗戶透出一絲絲微弱黃色燈光的孤立小木屋等……適當地攝入，更能豐富畫面的內容，甚至少量的月光有時也能營造出不錯的效果。

拍極光必備工具

照片裡的極光看來似乎都很亮麗，不過實際上它的光度還是相當弱，一般都需要長時間曝光才捕捉得到其燦爛色彩，因此只要攜帶能調整 ISO 與曝光時間的任何類單眼相機、站得穩的腳架，以及快門線這些基本必備的工具就沒問題。即使沒帶上腳架也別擔心，只要將相機放在任何固定的平面，甚至地面上，再對準極光的方向也都可以拍。如果擔心記憶卡容量不夠，當地超市也可採購喔。

我初期是用傳統機械式相機 FM2 以 ISO100 正片來拍極光，將光圈開到最大，平均曝光時間在二十至三十秒之間。幾次經驗後改用 ISO 400 正片，曝光時間也減少到十五至二十秒，最能兼顧到影像的細部構造與品質。這些條件都是後來告訴那些初次拍攝極光的朋友，不論是採用傳統相機或數位相機可以先行設定的數據。要拍下極光的美麗身影，最好擁有較高畫素的數位相機，並具備長時間曝光的功能，它的優點是當場可以檢視所拍的極光效果，做為接下來拍攝的參考依據，再就現場極光的亮度與形態變化調整原先的設定。

低溫下長時間拍極光，一旦拿到室內，相機外部即顯露出一層冰晶，必須清理乾淨才能再進行拍攝。

不要輕易放棄拍攝的機會

由於眼睛對綠色的敏感度最強，而對其他如紅色、紫色、藍色或粉紅色極光等則相對較弱，但它們卻能無所遁形地顯現在照片上。現場看到的即使是稀薄的少許綠色極光，或許其中還伴隨散布著較難感知出來的其他顏色的極光，所以絕對不要因此輕易放棄拍攝的機會，說不定會有意想不到的結果。

最好準備廣角鏡頭，愈廣愈好！

當極光出現時，不論是弧狀與帶狀極光延伸的長度，或是紗帳狀與簾幕狀極光散布的天域，往往會跨越達半個天空以上，因此在拍攝當場最常聽到 的，除了大量的讚美聲之外，就是「左邊（或右邊）又有了」「到底要拍哪一邊」，不少人都恨不得有第二台相機可以兼顧不同方向的極光。所以必須準備廣角鏡頭（愈廣愈好！），甚至可準備魚眼鏡頭，才能盡量不遺漏任何部分，尤其冠冕狀極光的範圍幾乎涵蓋著整個頭頂上方，魚眼鏡頭更能完整捕捉到其壯觀景象。當然有兩台以上相機更可以對準不同方向來拍。

自拍與構圖

建議拍極光前，先仔細觀察現場的任何地面景物，例如山脈、樹林、房舍、水面等……再進一步思考個人對整體構圖喜好與對空間美感的認知。如果想和極光一起自拍留念，要先站在鏡頭的無限遠焦距（至少三公尺左右）上，曝光極光的時間裡站著不動，關閉快門前再以輔助光源在人身上補些光。調高 ISO 當然可以減少曝光時間，有時鏡頭後方有月亮的話，也許不用補光。

如何用相機記錄動態變化的極光？

極光在某些情況下會呈現出動態變化，要清晰記錄下整體的變動狀態，避免因長時間曝光使得細部構造在快速移動過程中模糊掉，曝光時間自然愈短愈好，因此拍攝時可以就現場極光的運動狀態調整 ISO 感度，若採用傳統底片拍攝，當然也要採用較高感度的底片。由於沒經過長時間曝光很難記錄下極光，現在很多人以縮時攝影方式製作猶如影片放映來展現極光的運動狀態。SONY 新出的 A7S 有 ISO 25600 的感光度，可以直接錄影。

長時間的曝光拍攝，才能捕捉到極光的燦爛色彩，類單眼相機、腳架、快門線等是必備的拍攝工具。
不過沒帶上腳架的人也別擔心，只要將相機放在任何固定的平面，甚至地面上，再對準極光的方向也
都可以拍。

如何設定拍攝模式？

拍極光都需長時間曝光，一定要放在腳架或固定平面上，相機都要先調到 M 手動模式，以 B 快門拍就要以快門線控制曝光時間，或者採用相機內部已設定的曝光時間。光圈要開到最大，基本上先以 ISO 400、曝光時間二十秒為基準來拍，因為數位相機馬上可以查看拍出來的效果，再就現場的極光亮度調整 ISO 值和曝光時間，極光比較暗的話，建議調高 ISO 值，不要延長曝光時間。焦距是無限遠，不能用閃光燈，白平衡正常即可，記憶卡容量足夠的話，建議用能呈現細節的 RAW，方便後製處理。

別使用智慧型手機和平板拍極光

由於拍極光都要長時間曝光，iPhone 或 iPad 等智慧型手機或平板不具備此種功能，所以無法拍攝。除非遇上極光大爆發，亮度夠，運氣好或許拍得下來。

身體與相機都要保暖

觀賞極光的最佳時間都是高緯度地區的秋冬季節，常常是在攝氏零下二、三十度的低溫環境下拍攝極光，而且會長時間待在戶外，因此必須做好保暖禦寒的準備，否則容易造成凍傷或身體不適。為了方便操作快門線、更換底片，甚至是數位相機上各個小小的按鍵，最好戴上手指頭能運作自如且保暖的薄手套，才不致因赤手碰觸到表面結冰的低溫金屬物件，稍不小心即有可能皮開肉綻。相機在酷寒環境下要能正常運作，同樣必須採取一些適當的保暖防範措施。傳統機械式相機並非完全不會發生故障，但相較

左｜由於人的眼睛對綠色最敏感，就算拍攝的時候沒看到其他顏色的極光，拍出來的照片往往會有意想不到的驚喜，所以千萬不要輕易放棄拍攝的機會！

右｜和美麗的極光合影留念，成為許多旅人的寶貴收藏。

之下，畢竟比全電子式相機受到低溫影響而操作失靈的機率低得多。有些數位相機可以在零下十度的環境下作業，但在零下二、三十度的環境下，也還是需要保暖。此外，電池在低溫下的耗電速度較快，因此都要準備一、兩顆備用電池。拍攝過程中，切記不要將相機在戶外與室內反覆移進移出，避免鏡頭表面凝結水氣而影響拍攝品質。

以傳統相機拍攝在一捲底片接近拍完時，留意不要試圖去拍最後一張，因為底片在低溫下可能變得相當脆弱而較容易被扯斷。每曝光完一張底片關上快門後要捲片時，速度一定要放慢，因為在極低溫且乾燥的環境裡很容易產生靜電，它們會在底片上產生刮痕而造成傷害，因此底片回捲時一定要特別留意。

就跟所有優秀攝影作品要求的一樣，要獲致一張好的極光照片，就得付出相當心力與經驗累積。多方考慮各種因素，周詳安排觀賞計畫，在選擇的地點與時間裡進行拍攝，自然會有加分作用，當然，有時還需要的就是些許可遇不可求的運氣。

由於每個人對時差的適應都不同，再加上是在夜半時分觀賞極光，體力消耗通常都比較大，因此可以盡量找空檔調整體力。觀賞及拍攝極光都是在嚴酷的環境下進行，極光的演出又不是那麼容易被預測得到，所以堅持到最後一刻的耐心，通常也是獲致滿意結果的關鍵因素。

記得事先備妥禦寒衣物和相機裝備

當地是有可以租借禦寒裝備與相機的店家，只是在租借與歸還的手續作業上可能不是那麼便利，我會鼓勵自己能事先準備，如有不足則在當地添購比較妥當。

在寒冷的夜晚等待極光，為了避免低溫導致相機部分功能失靈，除了自己之外也別忘了為相機做好禦寒準備。

冬遊
費爾班克斯

FAIRBANKS
WINTER GUIDE

給未來的極光旅人

CHAPTER 4 | 冬遊費爾班克斯

1. 阿拉斯加拓荒者公園

PIONEER PARK
——親身體驗拓荒者的生活

塔納那谷地（Tanana Valley）中的費爾班克斯，跟一般的美國城鎮並沒什麼不同，到處彌漫著特有的純樸與優閒氣息。由於並不是世界馳名的旅遊勝地，而位處高緯度地區的酷寒氣候更阻卻了多數旅人的腳步，然而它所蘊含的歷史人文與自然景觀的多元風貌，搭配著來自天外的禮物——極光，構成小鎮非比尋常的魅力，同時吸引旅人深入探索與體會，嚴寒的冬天來到此地，別有一番體驗與感受。

一九六七年，為了要慶祝美國從俄羅斯買下阿拉斯加的一百週年紀念，並配合阿拉斯加博覽會的舉行，占地四十四英畝的拓荒者公園（Pioneer Park）於焉而生，距離市中心大概十分鐘車程。拓荒者公園是一座回溯費爾班克斯過往歷史的主題公園，並免費開放遊客參觀，遊客能夠在此親身體會早期拓荒者們的實際生活，回顧前人如何胼手胝足在內陸地區創建出這座迷人城市。

拓荒者公園以多個主題區，分別還原阿拉斯加與費爾班克斯的歷史面貌，包括早期淘金潮年代中，例如劇院、理髮院和老教堂等著名建築、實物大小的

給未來的極光旅人

阿拉斯加拓荒者公園裡早期民居屋頂上厚厚地積了一層白雪，每張照片都適合當風景明信片。

原住民住居複製品、哈定總統在一九二三年巡訪行程中搭乘的鐵路車廂，以及為費爾班克斯命名的韋克斯漢法官的家也搬遷到此處；一九二八至一九五八年航行於塔納那河和契納河上一艘名為「尼納那號」（Nenana）的船尾明輪船，服務滿三十年後也被移至此地，為園區展示重點之一。

此外，阿拉斯加拓荒者博物館（Pioneers of Alaska Museum）裡也收藏有許多由當地拓荒者捐贈出來的工藝品、繪畫和照片等。拓荒者公園是一處相當受遊客歡迎的景點，公園臨近契納河岸處

有一大片孩童遊戲區與野餐區，為當地人假日休閒時的極佳場地。

因為發現金礦吸引淘金人潮而得以建城的費爾班克斯，早期就是一座相當熱鬧的採礦城鎮。位在費爾班克斯北方八號挖金機（Gold Dredge No.8），是目前唯一開放給遊客參觀的挖金機，建於一九二八年，而於一九五九年功成身退，總共生產了大約七百萬盎斯的黃金。此處保留有全盛期的多項採礦設備與機具，一九九七年更由原來的礦工工寮、沐浴間與辦公室改建成三間博物館，遊客在此可以充分體驗採礦作業的辛苦過程，也能夠親手以淘金盤淘篩出黃金由自己保留。

離八號挖金機更北方不遠處的艾多拉多金礦區（Eldorado Gold Mine），遊客不僅可在此見證淘金歷史，還可搭乘窄軌火車，跟著資深採礦者的腳步了解老舊的選礦台如何作業、砂金如何沉積且如何被開採。不過要留意的是，八號挖金機和艾多拉多金礦區都只在夏季期間才開放供遊客參觀。

左｜除役的「尼納那號」船尾明輪船也擺在公園裡供人欣賞。

右｜現已停止運作的八號挖金機。

2. 阿拉斯加大學費爾班克斯分校

UNITED STATES

UNIVERSITY OF ALASKA FAIRBANKS
──極光研究的大本營

阿拉斯加大學費爾班克斯分校（University of Alaska Fairbanks）坐落在離費爾班克斯市中心約數公里遠的學院丘（College Hill）上，前身是由韋克斯漢法官協助創立的阿拉斯加農學院暨礦產學校（Alaska Agricultural College and School of Mines），一九一七年奠基興建，一九二二年正式開始招生，並於一九三五年改制為現在的大學。初期的研究領域包括礦業、農業和家政，而且由於所處地理位置的優勢，日後在地質學、地球物理學、火山學、極地生物學和極光等科學領域的研究方面，均扮演居世界級領導地位的舉足輕重角色。

在地球物理學研究所（Geophysical Institute）的一樓大玻璃上掛著一塊圓形玻璃雕塑，透著陽光讓上面的景物更顯突出。最下部代表海洋板塊與陸地板塊的衝撞，陸地上的火山正在噴發，山體亦標出地層構造，海洋上方正下著雨的雲塊則表示大氣狀況的變化，最上方就是阿拉斯加極富特色的自然景觀──極光，而阿拉斯加州旗上的北斗七星與北極星則出現在極光上面，完整呈現出該研究所的主要研究領域。

地球物理學研究所的研究領域擴及太空物理學、大氣科學、冰雪與永凍土、板塊運動和沉積作用、地震學、火山學，以及遙感探測，從太陽中心到地球中心的廣大距離都是主要的研究範圍。此外，地球物理學研究所監督管理的波克沼地發射場（Poker Flat Research Range），是全球唯一由大學擁有的火箭發射場，能夠藉發射火箭攜帶儀器至一千公里左右的高度，來研究極光內部的精細構造。

一九九九年成立了國際北極研究中心（International Arctic Research Center），由當時任研究所所長的日裔學者赤祖父俊一（Syun-Ichi Akasofu）教授擔任中心主任，除了與美國地質調查所（U.S. Geological Survey）、美國太空總署（NASA）、國家海洋與大氣總署（NOAA）等機構有不同的合作計畫之外，也和日本、俄羅斯、澳洲、德國和挪威等國的多個學術機構維持合作關係，來提升極地研究的進展。

阿拉斯加大學裡的地球科學研究所（Geophysics Institute）可謂是研究極光的重鎮。

左｜地球物理學研究所監督管理的波克沼地發射場入口的研究火箭模型。

右｜拍攝遠處的極光時，左邊突然出現一道光緩緩升起，同伴以為是一顆大大的火流星，但它不像一般流星疾速行進。正納悶時，突然想到過去曾採訪過阿拉斯加大學的火箭發射場，才弄清楚那是火箭發射升空形成的，要進入極光裡面進行偵測研究。

3. 阿拉斯加大學北方博物館

THE UNIVERSITY OF ALASKA MUSEUM OF NORTH
── 超過百萬件自然文化史珍貴館藏

地球物理學研究所旁邊的一棟具流線型的白色建築，就是阿拉斯加大學北方博物館（the University of Alaska Museum of North），為阿拉斯加最吸引遊客的十大旅遊景點之一，館內的收藏品包括水生動物、考古學、民族學和歷史學、地球科學、藝術、植物標本、哺乳動物及鳥類等多個項目，其中與自然史有關的收藏品超過二十五萬件、與文化史有關的則更超過七十六萬件，堪稱一處集研究、展示與教育等諸多功能的中心。累積至今超過百萬件豐富且珍貴的館藏，充分展現出阿拉斯加地區的生活傳統，讓學者專家易於了解文化與生物上的多樣性，大學生可藉以學習有關阿拉斯加的自然史與文化史，也是孩童們相當實用且受歡迎的戶外教學場所，更為觀光客提供一個充分了解阿拉斯加複雜多樣面貌的獨特場所，絕對值得造訪。

由於阿拉斯加幅員遼闊，擁有多樣的文化、多變的自然景觀與豐富的生物種類，博物館即依照阿拉斯加主要生態區域的特性分成五個展示區：西部與北極海岸區、內陸區、西南區、中央南區、東南區，分別強調該區域顯著的自然與文化歷史。

進入博物館，左側牆上以紀年方式呈現的阿拉斯加重大事件，從一萬兩千年前最早來到此地的移民到一九八三年為止，包括歐洲人發現阿拉斯加、美國向俄羅斯購買阿拉斯加、成為美國第四十九州的歷程，以及縱貫阿拉斯加輸油管的興建等等。映入眼簾的是立在展示區入口一具高大的阿拉斯加棕熊標本，它於一九五〇年被捕獲，有兩公尺七十公分高、重達五百七十公斤，為博物館裡最令人印象深刻且最受喜愛的展示品。

　　　　給未來的極光旅人

東南展示區裡一系列板塊運動圖，顯示出阿拉斯加的地質演進歷史，兩億年前開始的地質發展塑造出今天多樣的風貌，也形成了如金、銅、錫、鋅等金屬的豐富儲量。鮭魚一直是此地區住民的重要食物來源，捕撈鮭魚在今天依舊是主要產業之一，在這裡即可看到國王鮭魚從產卵到成魚的生命史。銅河三角洲（Copper River Delta）是南部海岸的濕地，為夏季數百萬隻候鳥重要的築巢與哺育地區之一，在中央南展示區裡可以清楚了解到這些外來客的一切。縱貫阿拉斯加輸油管解說區呈現的是一種人造的工程奇觀，讓訪客知道當輸油管通過結凍地面時如何使土壤保持凍結狀態。

左｜二〇〇五年改建完成的阿拉斯加大學北方博物館外觀頗富現代感。

右｜大學博物館裡的猛瑪象頭蓋骨化石，看得出它的身軀會有多龐大。

此外，十八世紀俄美公司管轄的時期，俄國人的家居與宗教生活狀況同樣是展示重點之一。

內陸地區的永凍土地帶妥善保存了大量的植物與動物化石，當探礦者開採地底下的金礦時，活躍於一萬兩千年前的猛獁象、美洲野牛、麝香牛、美洲獅、馬等哺乳動物化石陸續出土，都是內陸展示區的重要陳列品。其中一件最醒目的收藏，就是暱稱為「藍寶貝」（Blue Babe）的阿拉斯加草原野牛，在一九七九年挖掘出來，已有三萬六千年了，可以看到牠受到美洲獅攻擊致死而在背部留下的牙齒與利爪的痕跡。野牛死後很快凍結再被泥土覆蓋，身體與泥土中的礦物質經過長時間發生化學反應，而在皮膚上形成藍色的藍鐵礦，故有此稱呼。

內陸地區原住民阿沙巴斯坎印地安人住在這裡已超過一萬年，以捕獵麋鹿、馴鹿、黑熊、棕熊、鮭魚與麝香鼠為生，牠們就成為生活上食物、衣服和器物的主要來源。原住民以樺樹皮製成的各式籃子，可以盛裝食物與日用品。今天依然以流傳久遠的方法，結合傳統與現代的設計，繼續製作多彩的珠飾使用於衣服和器物上。另外，透過照片、圖解與影片播映來展現奇特的北極光景觀，讓夏季遊客

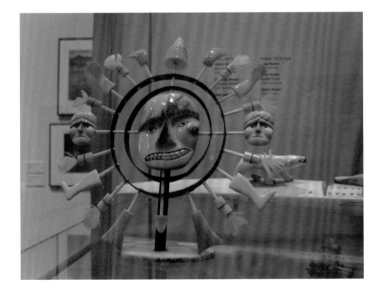

給未來的極光旅人

也能夠欣賞這個活躍於冬夜的美麗景致。黃金展示櫃陳列出原始的金礦石、砂金到各類金飾品，讓參訪者藉以想像過去淘金潮的盛況。

阿拉斯加西部和北極海海岸地區棲息著包括北極熊、海豹、海象和北極鯨等九種海生哺乳動物，對居住在這些地區的愛斯基摩人來說，海豹是供應日常生活所需最有用的動物，許多世代以來都被拿來做為食物、油脂和獸皮的

左｜原住民所製作的手工藝品也相當精緻。

右｜原住民早期所穿的禦寒衣服。

展示區入口的阿拉斯加棕熊標本，為博物館最令人印象深刻且最受喜愛的展示品。

主要來源之一，西部與北極海岸展示區即陳列有由海豹內臟製成的防水皮衣。西部城鎮諾姆目前依舊聚集了不少擅長象牙雕刻的愛斯基摩藝術家，此區亦陳列不少這項久遠技藝的成品。此外，博物館收藏有全世界最多的生活於高緯度地區的恐龍和相關脊椎動物化石，包括許多早期的哺乳類和爬蟲類，牠們均存活於六千八百萬年前的阿拉斯加北坡（North Slope）地區。

阿拉斯加西南部最具特色的地形，是分布範圍超過一千六百公里、由火山爆發形成的阿留申群島，許多島上還存在著不少活火山。西南展示區陳列有主要群居於普里比洛夫群島（Pribilof Islands）的北方海狗，俄羅斯人在一七一七年發現牠們時估計總數還有三百萬隻，但到了一九〇九年則剩下不到三十萬隻，引起國際上極大關注，並立約保護，以免遭到滅絕命運。此區陳列不少阿留申婦女編織的精美籃子，她們會在夏季期間蒐集海草儲存起來，直到它們變成黃色，再依長度與等級予以區分才織成籃子，有些可以達到每平方英吋一千針以上。

阿拉斯加大學博物館是阿拉斯加州主要的自然史與文化史寶庫，可以提供關於阿拉斯加所有層面的各類收藏品，做為教育與研究之用。除了專職研究人員之外，還有一群志工貢獻他們的技能與知識，協助館方進行展示區的解說，以及收藏品的蒐集、分類、保存與管理等任務，亦扮演起與當地社區互動連結上的重要角色，而每個學期也都有數千位學生特地前來這裡參觀。

4. 駛往北極圈

ARCTIC CIRCLE
──前進北緯六十六度半

地理學上以北緯六十六度半這條線定為北極圈（Arctic Circle），太陽在每年夏至這一天都不會落至地平線下，而在冬至這一天都不會出現在地平線上方。北極圈以內的地方在夏季有兩個月的時間，太陽光會持續照耀著大地；冬季則有兩個月的時間都處於黑暗狀態，除了月光之外，看得到的自然光就是北極光了。

阿拉斯加有三分之一的土地位在北極圈內，費爾班克斯就在北極圈南方約三百二十公里處，當我於一九九五年三月第一次到費爾班克斯時，就曾嘗試前往北極圈一遊。那時大地仍是一片雪白，主要道路上的積雪雖已被鏟至兩旁路肩，不致影響交通，但大部分路面仍結了薄冰，車子容易打滑，煞車時需要較長距離才能完全將車子停住，因此也不敢開太快。何況前往北極圈會經過山區，在蜿蜒山路上行駛更要格外小心，來回一趟可能會超過十個小時。

由史迪希高速公路接艾略特高速公路，經過小鎮福克斯（Fox）後再轉至道頓高速公路（Dalton Highway）上，就可以一路直達北極圈。道頓高速公路

　　　給未來的極光旅人

北極圈標誌立板，從費爾班克斯一路來到此地相當辛苦。

幾乎就是緊挨著縱貫阿拉斯加輸油管開闢出來的，一條以服務性質為主的
道路，沿途不時可以在公路左側或右側看到順著山勢一路直直攀升的輸油
管，倏地潛入山體中消失不見，繞過山頭後又忽然出現在地面上，有時又
以蛇行姿態妝點在荒涼大地上，成為視野中略顯單調的景觀裡，一眼就能
辨認出的非自然物件。

在那次前往北極圈的路上，先是柏油路面很快變成碎石子路面，有些路段甚至完全被積雪覆蓋住，根本無法看出路寬，而且路在山區裡忽上忽下地繞來繞去，更添加了潛在的危險性。尤其想到是獨自一個人開著車子，沒有同伴隨行，一路上戰戰兢兢地以時速四十公里左右的低速前進。

左｜縱貫阿拉斯加輸油管就緊挨著橫跨育空河的橋興建。

右｜前往北極圈的路上可以看到許多不同造型的輸油管。

一個多小時後，只見自己可能還開不到整個路程的四分之一，更驚覺在這段時間裡居然前後都看不到任何一輛車子經過，一種莫名的恐怖感頓時襲上心頭，毫不遲疑地立即把車子掉頭，直到福克斯的房子出現後才放下心來。

前往北極圈途中會通過阿拉斯加最長的一條河流——育空河，它發源於加拿大英屬哥倫比亞省西北部，穿過阿拉斯加內陸地區後流入西邊的白令海（Bering Sea），總長三千六百八十公里，在阿拉斯加境內有兩千兩百四十公里。育空河岸邊有一處提供油、水與餐飲服務的地方，也有一個輸油管解說站，遊客能夠了解當年如何克服極地的嚴酷環境來興建輸油管的過程，以及沿途會有哪些自然生態與景觀值得欣賞。

通過育空河後，大概還有三分之一路程才能抵達北極圈，景色依然單調。接近目的地時，順著路旁不算顯眼的指標進入一條小路，一百公尺不到就出現一塊空地，左側立著一片左右各由三根木頭撐起的長形看板，上面有張由地理北極正上方向下俯視的圓形地圖板，黃色虛線即代表北極圈，在阿拉斯加境內畫著一個黃色星形記號，就是我們當時站在北極圈上的位置。

標示牌後方有解說平台，空地右側的樹林前方還有一間簡易木造廁所，現場就這三個人工建物而已。相信大多數來到這裡的遊客絕對會對這麼簡單的景物感到有點失望，不過沿途感受的一切畢竟也會是相當難得的體驗。

前往北極圈途中可以看到不少奇特的樹冰。

　給未來的極光旅人

5. 北極小鎮

NORTH POLE
——如假包換的耶誕老人

無論是大人或小孩，大家對耶誕節都曾幻想著這樣一個畫面：大地被一片白雪覆蓋的銀白世界裡，一位身穿紅衣、頭戴紅帽、蓄著白鬍鬚且一臉慈祥的耶誕老人，駕著由馴鹿牽引的雪橇車從天而降，並帶來他們渴望的耶誕禮物。

費爾班克斯東南方二十公里處有個名叫北極（North Pole）的小鎮，沿著理查森高速公路（Richardson Highway）往南來到北極鎮，就在高速公路旁一個超過兩層樓高的巨大耶誕老人立刻吸引眾人目光，在它左邊一棟極富童話情趣、外牆畫上各類充滿耶誕節寓意圖像的白色房子，就是遠近馳名的「耶誕老人屋」（Santa Claus House）。它是一間在阿拉斯加內陸地區相當受歡迎的耶誕禮品專賣店，於一九五二年創立，店裡數不清的各類耶誕節相關商品琳瑯滿目。

尤其在接近耶誕節期間，會看到一位耶誕老人常駐店裡，讓眾多孩子們興奮許久，最主要的任務即是作為一件活道具，應所有來客的要求合照，慕名而來的人不要說每個小孩子，就連仍然保有那份童稚之心的大人們，也都不會放過這種機會。在耶誕老人屋旁的樹林空地裡，主人還飼養著一群馴鹿，也許牠們就是等著耶誕節期間能派上用場。

是傳說，抑或真實？北極地區確實住著耶誕老人嗎？長年以來，慈祥的耶誕老人讓地球上多少芸芸眾生的心靈得到慰藉，幻想國度中美好的渴望總能實現。有機會到北極小鎮的耶誕老人屋一遊，或許能給你一種嶄新的視界。

左｜耶誕老人通常會在假日時間出現在耶誕老人屋裡與大家合照。

左｜耶誕老人屋是眾多觀光客必定造訪的地點之一。

6. 縱貫阿拉斯加輸油管

TRANS-ALASKA PIPELINE
──阿拉斯加大地上沉睡的巨龍

沿著史迪希高速公路（Steese Highway）往北行駛，過了契納溫泉路（Chena Hot Spring Road）沒多久一個下坡路段，會看到公路右邊豎立著一列 H 型支架，上面橫躺著一條看似輸水管的銀灰色巨大輸油管線，就是著名的縱貫阿拉斯加輸油管（Trans-Alaska Pipeline），肩負起將開採自北極海濱的石油輸運至南方港口的重責大任，同時也是觀光客來到費爾班克斯必定造訪的景點之一。

這裡是阿拉斯加內陸地區最容易觀賞這個工程奇蹟的地點，四面解說板詳細記述著縱貫阿拉斯加輸油管的各項相關數據、建造過程、功能與操作情形，也擺放著輸油管實物大小的截面模型，讓遊客能夠實際看清楚輸油管的內部構造。H 型支架高高撐起輸油管，足以讓人從其下方通過，輸油管邊的牌子上寫著「請勿攀登」，但冬天積雪夠多增加地面高度，也能讓人伸長手臂去觸摸看看。

依輸油管所經之處的地質狀態來考量，輸油管總長度中有將近一半埋在

費爾班克斯郊外的縱貫阿拉斯加輸油管景點是觀光客最方便到達的觀賞地點。

給未來的極光旅人

地底下,其餘的則露出地表置於 H 型支架上。如果遇到河流,還要依河面寬度來決定是否需要架橋,在費爾班克斯南方一個半小時車程的地方,就有一座輸油管吊橋可供觀賞。蜿蜒逶行的輸油管猶如一條沉睡的巨龍,靜靜地躺在阿拉斯加大地上,在廣袤荒野中看來更顯得孤寂落寞。縱貫阿拉斯加輸油管讓產自北極海地區的原油,可以省力省時地順利運送出去,當初俄羅斯人以每畝地大約兩分錢的低價,將阿拉斯加賣給美國,絕對想不到同時奉送了這項珍貴財富。

不論是綠意盎然的夏季或漫天冰雪的冬季，輸油管一直是觀光客必定會造訪的景點，恐怕更不是當初與俄羅斯人洽談買賣時所能想像得到的吧。

十九世紀期間，愛斯基摩人就使用含油的苔原凍土做為燃料，外來移民則在十九、二十世紀之交才發現可以商業量產的石油，開採出適量油氣供當地使用。一九二〇年代初期，在靠近北極海地區首次見到石油滲出地表，後來因為沒有重大發現而於一九五三年停止探勘。一九六八年在普魯杜灣（Prudhoe Bay）發現豐富的石油與天然氣，藏量為北美地區最大的，占美國已知原油蘊藏量的四分之一。

左｜跨越塔納那河的輸油管吊橋形似舊金山金門大橋。

左｜育空河附近蜿蜒的輸油管。

但海上漂流的厚冰對航行北極海載運原油的破冰油輪造成損害，使得石油公司必須另外思考運送原油的方法，深入研究後相信橫越陸地的輸油管是一個較合理的解決辦法。

聯邦政府在一九七一年和極力反對興建穿越阿拉斯加大地的輸油管的環保人士與原住民達成一致協議之後，馬上面臨的就是包括土壤地質、斷層與低溫等對輸油管的影響，都是建造過程中必須考慮，並予以克服的。從北方的普魯杜灣到南方阿拉斯加灣做為終點的不凍港瓦迪茲（Valdez），輸油管必須通過布魯克斯山脈、阿拉斯加山脈和丘加奇山脈（Chugach Range）三個主要山脈、三十四條主要河流、八百條小溪流，以及許多馴鹿和糜鹿的遷移路線，而總長一半以上的輸油管要建在地表下方為永凍土（permafrost）的不穩定地基上，途中也會通過活動斷層區。此外，為了運送各種物資、設備及人員至各個工作地點，還需要建造一條從費爾班克斯到北坡的全天候道路，它幾乎與輸油管平行，超過八百公里長，花了一百五十四天的時間就建造完成，今天稱為道頓高速公路。

縱貫阿拉斯加輸油管興建工程，主要包括縱貫阿拉斯加南北總長一千兩百八十公里的輸油管、沿途的泵油站，以及位在瓦迪茲的船運站，於一九七四年開始動工興建，在一九七七年五月裝置妥當並進行測試。為了讓糜鹿和馴鹿仍能遵循傳統的遷移路線移動，輸油管沿線共建造了五百七十九個動物通道。

縱貫阿拉斯加輸油管的實際興建時間共三年兩個月，僱用的工人總數約七萬人，其中百分之五至十為女性。興建總經費達八十億美元，若以今天的幣值來算則超過兩百五十億美元。一九七七年六月二十日，第一批原油從普魯杜灣開始它們的旅程，歷經三十八天又十二小時五十四分鐘，於七月二十八日抵達瓦迪茲，此處總共可以儲存九百一十八萬桶原油，第一艘載滿原油的油輪則於八月一日駛離瓦迪茲船運站。縱貫阿拉斯加輸油管迄今已運送了超過一百二十億桶原油。

原油溫度可達攝氏六十八度至八十二度，進入輸油管時為六十三度，最後到達船運站時將近四十度，足以將永凍土融化掉，如果以傳統方式埋設地下輸油管會將土壤融解，造成土壤不穩定狀態，甚至可能導致支撐輸油管的基礎流失。因此，通過永凍土地區的輸油管需要特別設計，讓它在地表高處通過並予以隔熱處理，以避免永凍土被融解，而在其他沒有永凍土的地區則埋在地下。

綿延一千兩百八十公里的縱貫阿拉斯加輸油管，要經過八百條以上的大小河流與十三座主要橋梁，從費爾班克斯沿著理查森高速公路（Richardson Highway）往南約一個半小時的車程，可看到兩座高聳的鋼塔吊起一條灰色輸油管，這條長達三百六十公尺、跨越塔納那河（Tanana River）兩岸形似舊金山金門大橋的輸油管吊橋，是沿線主要橋梁中第二長的。縱貫阿拉斯加輸油管的設計與興建，稱得上是一件工程上的奇蹟，不僅克服了氣候上溫度差異的惡劣考驗，也禁得起地質條件的嚴酷挑戰，在運作了將近四十年後的今天看來，仍不由得對工程人員的創見發出讚嘆之聲。

7. 契納溫泉度假中心

CHENA HOT SPRING RESORT
——極地的溫暖享受

阿拉斯加內陸地區較有名的契納溫泉（Chena Hot Spring），位在費爾班克斯東北方九十公里處，由史迪希高速公路往北駛出費爾班克斯市區來到契納溫泉路（Chena Hot Spring Road）的出口指標，下交流道後，沿路開到路的盡頭就是契納溫泉度假中心（Chena Hot Spring Resort），為一個提供多項休閒活動的現代化度假中心。

晚上泡泡露天溫泉是一種奇特而刺激的體驗，室外溫度能低至攝氏零下二十幾度，只穿著泳衣泳褲走到溫泉池，大部分人都會齜牙咧嘴地快步跑過，感覺宛如置身在一個超級大冰庫裡。不過泡在溫泉裡又是另一番感受，沾附在頭髮上的水滴不用幾分鐘馬上結成冰，好像結了串串的珍珠髮飾，相當有趣。

契納溫泉度假中心的露天溫泉池。

契納溫泉度假中心在半山腰蓋了一間極光觀測小屋，視野相當不錯。

泡溫泉已是許多人活絡筋骨、舒緩壓力、調劑身心所普遍採取的最佳方法，泡在露天溫泉裡，抬頭看著繁星點點，每個人都有相同的期望，就是極光能夠同時出現在星空中，那種情境確實令人畢生難忘，但終究可遇不可求。

度假中心除了以溫泉來攬客之外，觀賞極光也成為冬季的行銷重點，在走路不用五分鐘的半山腰處特別蓋了一間觀賞小木屋，裡面配有暖氣，讓遊客在等候極光期間能待在屋內避寒。小木屋正面為大片玻璃，不需走到酷寒的戶外一樣觀賞得到極光美麗多彩的身影。此外，也可以搭乘度假中心的履帶雪車到附近山頂上觀賞極光。

度假中心提供的其他活動，包括如何駕馭狗拉雪橇與電動雪橇車，坐上狗拉雪橇行駛在結冰的小溪上時，看似平整的冰面仍有著一些大大小小的突起，雪橇車從上面經過時，感覺就像坐雲霄飛車般左搖右晃，令人不時發出尖叫聲。白天可以到附近山上滑雪，黃昏時再搭乘履帶雪車到山頂欣賞落日餘暉。也可以乘坐小飛機從空中俯瞰塔納那谷地，大地一片雪白，視野隨著連綿雪峰向遙遠的四方延伸，那種無際的淨潔空靈之感，絕對有助於滌除俗世的煩囂心情。

8. 狗拉雪橇

ALASKAN HUSKIES PULL DOGSLEDS
——廣受歡迎的州運動

沒有人確實知道狗拉雪橇起源於何時，但似乎是由北方民族開始的，過去交通不發達的時代裡，狗拉雪橇是阿拉斯加地區交通運輸和搬運貨物的主要工具，但其功能如今已隨著人們對休閒競賽活動的興趣日增而有所調整，並受到人們的喜愛。許多人飼養雪橇狗著重在享受趕狗的樂趣，愈來愈多的冬季觀光客也願意去學習如何駕駛狗拉雪橇，希望能盡情體驗趕狗的樂趣與刺激之處。

狗拉雪橇比賽已被視為阿拉斯加正式的州運動，冬季期間都會舉辦規模大小不等的比賽，從地區性到國際性競賽都有。費爾班克斯即一度被視為狗拉雪橇比賽之都，這一切得歸功於著名的趕狗人塞帕拉（Leonhard Seppala），他於一九二五年和他的雪橇狗幫忙運送救命的白喉血清到白令海邊的諾姆（Nome），全美國的報紙都報導了這次漫長而艱辛的旅程。

製作輕巧的單人雪橇。

狗拉雪橇比賽有時就直接在結冰的河道上舉行。

給未來的極光旅人

一九二六年，塞帕拉帶了四十四條雪橇狗來到美國本土，向全世界充分介紹這些四隻腳的傑出運動員，以及飼養牠們所需的特別照護、營養和訓練等事項。這位挪威人在費爾班克斯住了十九年，為每年冬季嘉年華會的競賽活動增添許多讓人感受興奮與刺激的看頭。

有不少品種的狗可以做為雪橇犬，其中最常見的兩種是西伯利亞哈士奇犬和阿拉斯加愛斯基摩犬。西伯利亞哈士奇犬擁有獨特的藍眼睛，可能是最受歡迎的雪橇狗；由馬勒繆特愛斯基摩人（Mahlemut Eskimos）培育出來的阿拉斯加愛斯基摩犬，則比西伯利亞哈士奇犬大得多，具有似狼的臉孔特徵，以及可以忍受極寒氣溫的能力，牠們的拖曳技巧遠比其速度更為人知。愛斯基摩人的狗隊伍通常有五至七條狗，拉運的貨物有時將近五百公斤。隊伍裡偶爾會看到幾隻幼犬，牠們在早期階段就得開始學習正確的拉曳技術。夏天時，狗主人讓狗兒們自由自在地到處活動，任由牠們去尋找食物；到了冬天，幹活的日子來臨，狗兒們就會被餵食包括海豹和海象肉等營養豐富的食物，來增強牠們的體力以負擔沉重的工作。從十八世紀到二十世紀初期，雪橇狗擔負著運輸、探險、捕獵、拉運補給品、採礦和郵件遞送的任務，雪橇狗對探金礦者來說是非常貴重的，牠們可以拉運食物、貨品、郵件和採礦裝備到礦區，然後在回程時運出黃金，其價值即隨著黃金的需求增加而提高。

二十世紀初，雪橇狗在郵件遞送服務上扮演著重要角色，而依迪塔洛小徑（Iditarod Trail）是狗拉雪橇隊伍使用的最重要路線之一。不論是早期的愛斯基摩人或印地安人等原住民，還是後來移入的西方人，長久以來對雪橇狗在運動競技方面的表現都已非常熟悉，但直到一九二五年運送白喉血清的救命壯舉之後，世界上其他地方的人們才真正見識到牠們的潛能與耐力。

依迪塔洛小徑主要屬於冬季的路線，它所經過的沼澤濕地和苔原凍土地區在夏季實際上是無路可通的。在淘金熱時期，小徑連接著礦區營地、貿易站和其他新興聚落，為一條重要的交通運輸走

廊。依迪塔洛小徑的主要路線從阿拉斯加南部的不凍港希華德開始，終止於西部白令海岸邊的淘金小鎮諾姆，如包括支線在內，整個路線系統超過三千五百公里。

一九二〇年代，飛機的出現漸漸取代了狗拉雪橇的交通運輸、貨物載運和郵件遞送的功能，標誌著依迪塔洛小徑和其他狗拉雪橇路線的利用價值趨於沒落。然而，卻有一群趕狗人和雪橇狗們參與了阿拉斯加歷史上最廣為人知且最重要的「偉大的諾姆救命競跑」（the Great Race of Mercy to Nome）行動，再度向世人充分展現了狗拉雪橇的價值所在。這個行動並不具有運動比賽的性質，卻同樣必須與時間賽跑。一九二五年一月，諾姆爆發了當時被視為「黑死病」之具高度傳染性的白喉病流行，若不及

左｜乘坐狗拉雪橇是一種相當新鮮的體驗。
右｜一聲令下，雪橇狗就奮力向前衝出。

時送來新藥加以控制，將危害此城與鄰近地區上百甚至上千位居民的性命。

衡諸各種情況，最後決定採取一種較慢但更為可靠的解決方案，即先由火車將血清送至當時鐵路的終點站尼納那（Nenana），再由雪橇狗隊伍送到諾姆。阿拉斯加地區首長馬上下令組織一支狗拉雪橇接力隊伍，包括塞帕拉在內的二十位趕狗人和超過上百隻雪橇狗，隨即分頭趕抵各個指定的郵遞避難木屋等候。

就在惡劣天候的不利條件下，趕狗人和雪橇狗一站接著一站，日以繼夜地輪流運送血清前進，依循依迪塔洛小徑通過阿拉斯加內陸地區，終於抵達諾姆，有效控制住疫情而不再蔓延，並在三個星期內解除隔離措施。參與行動的二十支狗拉雪橇隊伍，在溫度可能會驟降至攝氏零下七十度的惡劣天候與艱險地形的嚴酷考驗下，以不到五天半的時間完成總計一千零八十公里的路程，贏得了世人對趕狗人與雪橇狗的萬分敬仰。

為了紀念這個偉大救命行動，以及彰顯依迪塔洛小徑的歷史意義，依迪塔洛小徑雪橇狗比賽（Iditarod Trail Sled Dog Race）首次在一九六七年舉行，路程只有九十公里，一九七三年改從安克拉治開始，路線延長至一千七百六十公里，終點在諾姆。這項比賽在每年的二月底三月初舉行，吸引不少世界好手前來參賽，每支隊伍通常都需要九天左右的時間完成這趟艱險的賽程。

每年一月到三月，在阿拉斯加會舉辦多項世界性狗拉雪橇比賽，比較知名的除了依迪塔洛小徑雪

橇狗比賽之外，就是每年二月舉行的育空遠征國際雪橇狗比賽（Yukon Quest International Sled Dog Race），費爾班克斯和加拿大育空領地的白馬鎮（Whitehorse）每年輪流做為比賽的起點或終點，全程一千六百公里，每年都有超過三十支隊伍參賽。路線大致是沿著流經美國與加拿大的育空河前進，需要十至十四天，沿途都為呈冰凍狀態的廣袤荒野，幾乎是北美洲人口最稀少的區域。比較特別的是要越過四座一千公尺以上的山峰，每支隊伍需上上下下行進有如坐雲霄飛車般難捱，因此有人形容為世界上最嚴峻的雪橇狗比賽。

冬季期間在費爾班克斯也常看得到各種不同層級的狗拉雪橇比賽，有按照犬隻數目來區分的，從兩隻到十隻都有，比賽路程在七公里到五十公里之間，也有依趕狗人年齡來區分的分齡賽。這些地區性比賽的路線都安排在離市區不遠的林地裡或結冰的溪流河道上，讓選手藉由多次參賽機會累積經驗，日後漸漸晉升至更大場面、更高層級的國際性比賽。

左｜雪橇狗在計時出發前必須先靠多人使命拉住，以防偷跑。

給未來的極光旅人

9. 阿拉斯加冰釣

WINTER ICE-FISHING
——鑿冰垂釣的樂趣

由於費爾班克斯幾乎將近半年屬於冬季，長時間的低溫狀態，使得大多數河流與湖泊容易結冰，因此也讓當地居民在冬天多了一項休閒活動——冰釣。契納湖（Chena Lake）在耶誕老人屋附近，是一處相當受歡迎的冰釣地點。進行冰釣之前要先申請釣魚執照，選定湖面一個定點後，先以手搖冰鑽或電動冰鑽鑽出一個直徑二十公分左右的圓洞。由於冰層厚度通常都在一公尺以上，使用電動冰鑽自然省力很多，鑽通冰層後，就可以拿著釣竿開始冰釣。

契納湖相當空曠，冰釣時如果又颳起風，待久了不是每個人都能承受得住那種幾近刺骨的酷寒感覺。因此就有人租用一間小木屋，在屋內四個角落鑽洞，擺放取暖設備，不需忍受寒風侵

上｜待在這種小屋裡才能長時間進行冰釣。
下｜以電鑽挖洞絕對比較省力，一、兩分鐘就能挖通一公尺厚的冰層。

襲，一樣可以享受冰釣的樂趣。有人也會準備烤肉架，可以當場將釣到的魚烤來吃。結冰的湖面上也常常看得到有人騎著雪橇摩托車來回奔馳，這些景象對我們來說都很新奇，有機會也有不少人想嘗試。

左｜用簡單的釣具就能進行冰釣。
右｜帳蓬內放些取暖裝置進行冰釣，可以避免長時間暴露在外頭的低溫裡。

給未來的極光旅人

10. 世界冰雕藝術大賽

WORLD ICE ART CHAMPIONSHIP
——雕刻北極之鑽

費爾班克斯每年三月初，都會在冰雕公園舉辦為期一個月的世界冰雕比賽，邀請世界各地的頂尖好手來共襄盛舉，應用冰塊鼓勵人們為藝術與教育的推廣付出、透過文化與藝術交流來加強並促進國際友誼、藉由優雅的冰雕展示來維護並發揚文化特色，以及鼓勵並提升阿拉斯加的冬季旅遊事業和其他經濟活動機會。

從一九八八年舉辦以來，總共有來自四十七個以上國家的雕刻家參加過冰雕比賽，他們的身分不盡相同，有廚師也有木雕、石雕或銅雕專家，參加比賽是為了嘗試另一種完全不同的工作素材。

冰雕的素材是使用號稱「北極之鑽」的冰塊，透明度相當高。

比賽期間的溫度平均在攝氏零下十度至二十度之間,若出現明顯變化就會產生特別的問題,例如溫度降得太低時,冰塊即變得較脆而容易破裂;而溫度回升變暖時,冰塊會失去光澤,並將已經雕出的細部紋飾沖刷殆盡,一切就得重新來過。

世界冰雕比賽主要分為單塊冰組與多塊冰組兩組,單塊冰組每一隊

左｜雕刻家正聚精會神地雕刻作品。
右｜蚱蜢。

有兩名隊員，比賽時間為兩天半，共六十個小時，可以二十四小時不停地雕刻以求準時完成。每一隊都配有一塊 1.52×2.44×0.91 公尺的大冰塊，重約三千四百公斤，選擇直放、側放或平放三種擺置狀態之一，必須事先告知主辦單位，一旦擺置妥當就不能再移動。每一隊要在七‧五平方公尺的指定區域內進行雕刻作業，主辦單位可以提供梯子或作業鷹架，但隊員不能使用動力器械來舉升或移動任何冰塊，只能以人力進行。

多塊冰組每一隊最多可以有四個人，雕刻時間在單塊冰組後面，總共五天半，同樣可以二十四小時不停地工作。每一隊配有十二塊 1.22×1.22×0.91 公尺的冰塊，超過一萬八千公斤，許多作品的高度也都有七公尺以上，冰塊的舉升與移動全都由主辦單位負責協助。每一隊的工作區域大約十二平方公尺，場地清潔一樣是重要的安全考量。

世界冰雕比賽蜚聲國際，規模也日益擴大，費爾班克斯已成為「世界冰雕首都」。遊客在三月初來到這裡，絕對不要錯過欣賞這項藝術饗宴的機會，白天和晚上都來一趟，視覺感受肯定完全不同。

觀賞完晚上的冰雕展示，如果半夜也能觀賞到漫舞星空的北極光，一個是靜態的展示、一個是動態的表演，一個屬於人工塑造、一個屬於自然天成，世界上有哪個地方能讓你同時親炙這兩種截然不同的視覺表現呢？

左｜鳥籠裡的鸚鵡。
上｜冰雕作品在晚上打上不同顏色的燈光後又是
　　另一種景象。照片中為受到老虎攻擊的馬。
下｜相當栩栩如生的花豹冰雕。

我追極光三十年

過去三十年，我都在美國阿拉斯加州的費爾班克斯觀賞極光，無論是一個人旅行或是帶團，都會在當地待上七天七夜，至今總共成行多達五十次以上，總日數更已超過三百天，就快接近一年了！有時還真希望能有機會在當地連續住上半年，相信拍起極光來應該會相當過癮吧！

歷年極光拍攝日期　　　地點：阿拉斯加費爾班克斯

#	日期	#	日期
1	1995 年 3 月 16 日～ 3 月 23 日	16	2007 年 3 月 16 日～ 3 月 23 日
2	1996 年 3 月 31 日～ 4 月 7 日	17	2008 年 3 月 7 日～ 3 月 16 日
3	1998 年 3 月 3 日～ 3 月 10 日	18	2008 年 9 月 30 日～ 10 月 7 日
4	2000 年 3 月 7 日～ 3 月 16 日	19	2009 年 3 月 6 日～ 3 月 13 日
5	2000 年 11 月 20 日～ 11 月 27 日	20	2009 年 9 月 18 日～ 9 月 27 日
6	2001 年 3 月 25 日～ 4 月 8 日	21	2009 年 10 月 29 日～ 11 月 5 日
7	2001 年 10 月 6 日～ 10 月 14 日	22	2010 年 1 月 22 日～ 1 月 31 日
8	2002 年 3 月 9 日～ 3 月 17 日	23	2010 年 3 月 5 日～ 3 月 14 日
9	2002 年 9 月 28 日～ 10 月 6 日	24	2010 年 3 月 26 日～ 4 月 4 日
10	2003 年 3 月 7 日～ 3 月 16 日	25	2010 年 10 月 1 日～ 10 月 7 日
11	2003 年 11 月 12 日～ 11 月 19 日	26	2011 年 1 月 21 日～ 1 月 30 日
12	2004 年 3 月 12 日～ 3 月 21 日	27	2011 年 3 月 4 日～ 3 月 13 日
13	2005 年 2 月 6 日～ 2 月 13 日	28	2011 年 3 月 25 日～ 4 月 3 日
14	2005 年 3 月 11 日～ 3 月 18 日	29	2011 年 9 月 30 日～ 10 月 9 日
15	2006 年 3 月 3 日～ 3 月 10 日	30	2012 年 1 月 27 日～ 2 月 5 日

31	2012 年 2 月 24 日～ 3 月 4 日
32-1	2012 年 3 月 16 日～ 3 月 25 日
32-2	2012 年 3 月 23 日～ 4 月 1 日
33-1	2012 年 9 月 14 日～ 9 月 23 日
33-2	2012 年 9 月 21 日～ 9 月 30 日
34	2013 年 1 月 27 日～ 2 月 5 日
35-1	2013 年 3 月 1 日～ 3 月 10 日
35-2	2013 年 3 月 8 日～ 3 月 17 日
36-1	2013 年 3 月 22 日～ 3 月 31 日
36-2	2013 年 3 月 29 日～ 4 月 7 日
37-1	2013 年 9 月 27 日～ 10 月 6 日
37-2	2013 年 10 月 4 日～ 10 月 13 日
37-3	2013 年 10 月 11 日～ 10 月 20 日
38	2014 年 1 月 21 日～ 1 月 30 日
39-1	2014 年 2 月 28 日～ 3 月 9 日
39-2	2014 年 3 月 7 日～ 3 月 16 日
40	2014 年 3 月 28 日～ 4 月 6 日
41	2014 年 9 月 19 日～ 9 月 28 日

42	2015 年 2 月 6 日～ 2 月 15 日
43-1	2015 年 3 月 13 日～ 3 月 22 日
43-2	2015 年 3 月 20 日～ 3 月 29 日
44	2015 年 9 月 11 日～ 9 月 20 日
45	2016 年 1 月 22 日～ 1 月 31 日
46-1	2016 年 3 月 4 日～ 3 月 13 日
46-2	2016 年 3 月 11 日～ 3 月 20 日
47	2016 年 9 月 23 日～ 10 月 2 日
48	2017 年 1 月 31 日～ 2 月 9 日
49	2017 年 3 月 16 日～ 3 月 25 日
50	2017 年 9 月 15 日～ 9 月 24 日
51	2018 年 2 月 2 日～ 2 月 11 日
52	2018 年 3 月 16 日～ 3 月 25 日
53	2018 年 9 月 14 日～ 9 月 23 日
54	2019 年 3 月 8 日～ 3 月 17 日
55	2019 年 9 月 20 日～ 9 月 29 日
56	2023 年 3 月 10 日～ 3 月 19 日
57	2024 年 3 月 1 日～ 3 月 10 日

只有在全食帶經過的地方，我們才看得到日全食；而由於全食帶涵蓋的地區
極小，也有可能出現在地球上人跡罕至的陸地或汪洋大海上，因此要觀測日
全食，就必須挑選天候條件最有利的觀測地點，同時能順利抵達觀測地點的
交通安排，也是必須詳細規劃的前置作業。

日食拍攝日期

1	1991 年 7 月 11 日	全食	美國夏威夷島 -O
2	1994 年 5 月 10 日	環食	美國密蘇里州春田市 -O
3	1995 年 10 月 24 日	日全食	馬來西亞沙巴 -O
4	1997 年 3 月 9 日	全食	蒙古（墾丁偏食）-O
5	1998 年 2 月 26 日	全食	加勒比海 -O
6	1998 年 8 月 22 日	環食	馬來西亞麻六甲 -F
7	1999 年 2 月 16 日	環食	澳洲凱恩斯 -F
8	1999 年 8 月 11 日	全食	德國諾林根 -F
9	2002 年 6 月 11 日	環食	西太平洋（台北偏食）-O
10	2002 年 12 月 4 日	全食	澳洲希都納 -O
11	2006 年 3 月 29 日	全食	利比亞 -O
12	2008 年 8 月 1 日	全食	中國甘肅酒泉 -O
13	2009 年 7 月 22 日	全食	中國浙江嘉興 -F
14	2010 年 1 月 15 日	環食	墾丁偏食 -O
15	2012 年 5 月 21 日	環食	本熱海 -F
16	2012 年 6 月 6 日	金星凌日	鹿港 -O
17	2012 年 11 月 14 日	日全食	南太平洋 -O
18	2017 年 8 月 21 日	全食	美國愛達荷州 Rexburg-O
19	2019 年 12 月 26 日	日環食	鹿港偏食 -O
20	2020 年 6 月 21 日	環食	嘉義觸口 -O
21	2023 年 10 月 14 日	日環食	美國新墨西哥州 Alburquake-O
22	2024 年 4 月 8 日	全食	美國德州 Lampasas-O

備註：O-- 天候許可，觀測拍攝成功
　　　F-- 天候不佳，觀測拍攝失敗

極光相關網站

對觀賞極光有興趣的人可以每天造訪下列網站：

（一）spaceweather.com
可以看到人造衛星二十四小時監測，並拍攝地球南北極圈上空出現的極光，列出現時與二十四小時內的極光強度，以及欣賞在世界各地拍攝的極光照片。網站會發布太陽活動的狀態，若出現足以影響地球上極光活動的各種太陽活動，都會事先提出預測，讓地球上的極光愛好者做好觀賞與拍攝的準備。

（二）gi.alaska.edu
這是阿拉斯加大學費爾班克斯分校地球科學研究所的網站，裡面的極光預測欄目列出了當天的極光強度預測及極光橢圓區涵蓋的區域。

（三）allsky.gi.alaska.edu
這是極光即時轉播網站，阿拉斯加大學在費爾班克斯北方約六十公里所擁有的火箭發射基地 Poker Flat Research Range 架設了攝影機，以魚眼鏡頭全天拍攝極光，每兩秒鐘就換一張畫面，讓你即使遠在台灣也能看到當地即時的極光活動。

（四）salmon.nict.go.jp
這是一個日本的研究機構同樣在 Poker Flat Research Range 架設攝影機做極光的即時轉播，惟其是每三分鐘左右才換一張畫面，也不是全天拍攝。

MS1052X

給未來的極光旅人
三十年專業嚮導帶你圓極光夢（全新增訂版）

作　　　者	洪家輝
美術設計	兒日設計
總 編 輯	郭寶秀
責任編輯	林俶萍
行銷企劃	力宏勳

事業群總經理　謝至平
發 行 人　何飛鵬
出　　版　馬可孛羅文化
　　　　　11563 台北市南港區昆陽街 16 號 4 樓
　　　　　電話：886-2-25000888
發　　行　英屬蓋曼群島商家庭傳媒股份有限公司城邦分公司
　　　　　11563 台北市南港區昆陽街 16 號 8 樓
　　　　　客戶服務專線：(886)2-25007718；25007719
　　　　　24 小時傳真專線：(886)2-25001990；25001991
　　　　　服務時間：週一至週五 9:00 ～ 12:00；13:00 ～ 17:00
　　　　　劃撥帳號：19863813 戶名：書虫股份有限公司
　　　　　讀者服務信箱：service@readingclub.com.tw

香港發行所　城邦 (香港) 出版集團有限公司
　　　　　香港九龍九龍城土瓜灣道 86 號順聯工業大廈 6 樓 A 室
　　　　　E-mail：hkcite@biznetvigator.com
　　　　　馬新發行所城邦 (馬新) 出版集團
　　　　　Cite (M) Sdn Bhd
　　　　　41, Jalan Radin Anum, Bandar Baru Sri Petaling,

輸出印刷　前進彩藝有限公司
初版一刷　2015 年 1 月
二版一刷　2024 年 7 月
定　　價　560 元 (紙書)
定　　價　392 元 (電子書)

國家圖書館出版品預行編目 (CIP) 資料

給未來的極光旅人：三十年專業嚮導帶你圓極光夢 /
洪家輝著 .-- 二版 . -- 臺北市：馬可孛羅文化，
2024.07
面；20×21 公分
ISBN 978-626-7356-84-5(平裝)

1.CST: 遊記 2.CST: 極光 3.CST: 美國阿拉斯加
752.7809　　　　　113008315

城邦讀書花園
www.cite.com.tw

Published © 2023 by Marco Polo Press, A Division of
Cité Publishing Ltd.All Rights Reserved

版權所有　翻印必究 (如有缺頁或破損請寄回更換)

ISBN：978-626-7356-84-5(平裝)
ISBN：978-626-7356-83-8（EPUB）